Scripto

À Frédéric

Anne Vantal

RENDEZ-VOUS EN SEPTEMBRE

Gallimard

Prologue

ENSEMBLE, TOUS

(6 juillet)

Sur la photographie, ils sont tous là.

L'image a été prise à l'issue de cette fameuse soirée, organisée par l'un d'eux, pour fêter tout à la fois leur départ en vacances imminent et la fin de leurs études secondaires.

Sur le cliché, on en compte onze. Onze, comme dans une équipe de football, bien qu'ils n'aient jamais joué ensemble autrement que contraints et forcés par leur enseignant d'éducation physique et sportive. Et encore : s'ils se sont retrouvés dans le même groupe, c'est à contrecœur, le plus souvent.

Tous viennent de quitter la même classe de terminale scientifique d'un lycée tout à fait convenable d'une ville tout à fait ordinaire. Dans cette classe de trente-deux élèves, seuls trois ont échoué au baccalauréat. Ce résultat, supérieur à la moyenne nationale, ajoutera à la réputation de sérieux dont jouit déjà l'établissement. Mais pas un de ces onze-là ne fait partie des perdants : aucun d'entre eux ne se trouvera dans l'obligation de passer une année supplémentaire au lycée. S'ils ont le sourire sur cette photographie, c'est en partie parce que tous ont, depuis la veille, le bac en poche.

Au moment de la prise de vue, il doit être aux environs de minuit. La scène se situe en plein air, peut-être dans le jardinet d'une maison de banlieue. L'arrière-plan est sombre, bien entendu, mais les onze jeunes gens, bien éclairés par le flash de l'appareil, sont parfaitement visibles. On a utilisé le retardateur, pour permettre à tous de figurer sur le cliché. L'image a été composée comme pour une photo de classe : les plus grands derrière, debout, les autres assis en tailleur au premier plan. De fait, ce sont plutôt les garçons qui apparaissent au deuxième rang : on y reconnaît du premier coup d'œil Thibault, à gauche, puis Adam, Jérémy... Au milieu d'eux se tient Emma, cette longue tige d'un mètre soixante-seize qui, en ce soir de fête, n'a pas hésité à chausser des talons qui la font paraître plus grande encore. Bien plus par exemple que Bastien, son voisin sur la photo, le seul à baisser légèrement la tête au moment du déclenchement et dont, du coup, on distingue moins bien les traits. Quant à Benjamin, on le reconnaît sur la droite, un peu raide, les mains posées sur le cou de Juliette, avec qui il sort depuis le premier trimestre.

Tous arborent un large sourire. Ils semblent parfaitement heureux. Pourquoi, d'ailleurs, ne le seraient-ils pas ? Ils en ont fini avec l'école ; ils sont majeurs – à l'exception de deux d'entre eux – et prêts à s'élancer dans la vie. La plupart de ces jeunes gens se considèrent déjà, à tort ou à raison, comme des adultes. Tous ont prévu de poursuivre leurs études l'an prochain, à l'université ou dans des classes préparatoires.

Ils ont leurs rêves et leurs projets. Ils ont leurs attentes, leurs espoirs et leurs inquiétudes. Ils sont jeunes, en bonne santé, et viennent d'un milieu familial qui les a, jusque-là, plutôt protégés et soutenus. Ils sont fiers d'avoir obtenu leur premier vrai diplôme, surtout (comme c'est le cas pour certains) s'ils ont la chance d'avoir récolté une mention.

Oui, ces onze-là, qui s'apprêtent à se séparer pour huit semaines, se sentent des ailes, sans s'aviser qu'ils ne sont pas des anges et que d'ailes, justement, ils sont dépourvus. Mais ils se tiennent droits sur le seuil de leur vie d'adulte, et le relevé de notes qu'on vient de leur remettre, cette *collante* du bac, ressemble à une pichenette destinée à les pousser plus loin. Qu'ils soient ou non excités à l'idée des vacances qui commencent, qu'ils se sentent satisfaits de la manière dont eux-mêmes, ou leurs parents le plus souvent, les ont organisées, cela a peu d'importance. Ce qui compte, c'est cette soirée d'au revoir qui se termine, peu après minuit, par la prise de cette photographie. Une image que l'on retrouvera, dès le lendemain matin, sur le mur Facebook de la plupart d'entre eux, et qui suscitera commentaires et critiques de leurs nombreux amis.

Quelques minutes plus tard, ils se séparent : ils se sont donné rendez-vous en septembre.

LEILA

(11 juillet)

Cet été, Leila n'ira pas au bled. La famille n'a pas programmé le déplacement rituel jusqu'au hameau perdu de Kabylie dans lequel Leila a passé pratiquement toutes ses vacances d'été depuis la petite enfance. L'Algérie, c'était pourtant le passage obligé pour tous les siens. Mais pas cette année : moins d'argent, peut-être. Et puis Khaled, l'aîné des enfants, cherche du travail depuis des mois ; ce n'est vraiment pas le moment de partir, a dit le père.

Peut-être aussi que l'obligation s'efface, maintenant que la grand-mère de Leila n'est plus là. Elle est morte il y a deux ans, emportée en trois semaines par son cancer du pancréas. Pour la première fois, Leila a vu son père pleurer. Lui qui ne manifestait jamais grand-chose. Lui qui disait toujours « la vieille » en parlant de sa mère, bien qu'elle n'eût pas soixante-cinq ans. Lui qui, au long de l'été, passait le plus clair de son temps à causer avec les hommes sur la place du village, tandis que Leila et Faddila, ses filles, préparaient la semoule et les légumes avec les femmes. Mais quand la vieille est partie, le père a pleuré, des larmes silencieuses qui traçaient des sillons sur ses joues. Il n'a même pas pu toucher le corps de sa mère : quand il est arrivé au bled, on l'avait déjà mis en terre.

Leila ne veut pas grandir comme Khaled, qui a laissé tomber l'école avant d'avoir son bac. Leila se sait issue de l'immigration, mais pour elle cela ne veut pas dire grand-chose, sinon une chance supplémentaire. Elle parle parfaitement le kabyle et l'arabe, sa mère y a veillé. Pour réciter les sourates elle a appris à lire l'arabe ; elle sait l'écrire aussi, on l'a exigé d'elle. Khaled n'a jamais voulu apprendre. Il a quitté l'école et cherche mollement un emploi. Leila veut se mettre à l'abri. Dès septembre, elle va suivre la préparation au concours d'assistante sociale. Il y aura de quoi faire pour une fille comme elle.

Quant à demeurer tout l'été sans bouger, il n'en a jamais été question. Leila a passé son brevet d'animatrice l'an dernier. Dès janvier, elle a cherché un centre de vacances qui puisse l'employer. Ça n'a pas été facile. Elle a envoyé beaucoup de demandes et essuyé beaucoup de refus. Son jeune âge et son manque d'expérience ne l'ont pas aidée. Leila refuse de penser que, peut-être, son nom à consonance maghrébine a constitué un obstacle. Elle préfère se persuader que, dans le milieu de l'aide sociale, on ne se préoccupe pas de ça.

Finalement, son obstination s'est révélée payante et, il y a trois jours, elle est arrivée dans ce centre qui accueille, comme on le lui avait expliqué par téléphone, des « enfants en difficulté ». Leila n'a pas demandé de quel genre de difficulté il était question. Lionel, un animateur qui doit approcher de la trentaine et semble tout connaître, est venu la prendre à la gare. Peut-être pour la mettre à l'aise, il n'a pas cessé de jacasser pendant tout le trajet. « Tu vas voir, c'est intéressant, mais à condition de ne pas avoir peur de taffer. » La voilà prévenue.

La voiture a suivi une petite route en lacets qui se termine en cul-de-sac et Leila a découvert ce qui va devenir son lieu de travail pour les quatre prochaines semaines : une grosse bâtisse plutôt sévère entourée d'un immense terrain. Il était dix-sept heures, Leila a pris ses fonctions à dix-huit heures trente. On l'attendait, a annoncé Jocelyne Ferrandi, la directrice du centre. Pas une minute à perdre, les enfants sont là depuis ce matin, on est débordés, comme toujours.

Leila a fait la connaissance du petit groupe dont elle va s'occuper en priorité. Ils sont quatre : deux filles, deux garçons. L'un des garçons est cloué dans un fauteuil. Lourdement handicapé. Leila, qui pèse quarante-huit kilos, devra l'aider pour ses repas et sa toilette. Le garçon, Ivan, vient d'avoir douze ans et paraît en surpoids. Leila essaie de ne pas céder à l'affolement.

L'autre garçon du groupe, Tom, semble avoir huit ou neuf ans. Leila a voulu lui dire bonjour, mais il s'est détourné aussitôt. Tout son corps est agité de tics, de mouvements spasmodiques divers. « Ce n'est rien, a affirmé Jocelyne. Il est nerveux, c'est tout. Et puis autant que tu le saches, Leila : Tom a de bonnes raisons d'être nerveux. » Leila n'a rien demandé de plus.

Les filles, c'est autre chose. Candice, une petite d'allure plutôt douce, a tout de suite pris Leila à part. « Tu m'apprendras à me maquiller ? ». C'est la seule question qu'elle a posée. Peut-être la seule chose qui l'intéresse.

Mais Leila ne peut s'empêcher d'éprouver un peu d'angoisse lorsqu'elle rencontre la seconde fille du groupe, Jenny. « Jenny a quinze ans », a précisé Jocelyne lors des présentations. Trois ans de moins que moi, a calculé Leila avec un peu d'inquiétude. Jenny ne lui a pas adressé la parole, même pas bonjour. Elle l'a toisée avec arrogance et lui a tourné le dos. « Celle-là est une dure à cuire, mais ça va aller », a assuré Jocelyne. Sur chacun des enfants, Leila ne connaît que des bribes d'histoire personnelle. Ivan et Candice vivent dans leur famille. Tom et Jenny ont été placés en foyer d'accueil.

Depuis trois jours, Leila a vécu plus intensément qu'en tout autre moment de sa vie. Elle n'a pas une minute à elle. Lionel lui a montré comment soulever Ivan de son fauteuil, comment lui passer le gilet et les brassards, comment le glisser, tout doucement, dans la piscine où il doit pratiquer des exercices quotidiens. Leila est bonne nageuse, elle l'avait indiqué dans son C.V., c'est l'un des atouts qui ont permis son embauche dans le centre. Elle saute dans l'eau froide auprès d'Ivan et l'aide à se détendre pendant les premières minutes. Puis le psychomotricien prend le relais pendant trois quarts d'heure. Après, Leila doit aider Ivan à se rincer, en le calant bien contre la paroi de la douche de plein air ; elle doit faire vite, Ivan pourrait attraper froid. Puis elle le sèche et le rhabille, et Lionel vient l'aider à réinstaller le gros garçon dans son fauteuil. Pendant ce temps-là, heureusement, elle n'a pas à s'occuper des trois autres enfants : Candice et Tom participent chaque matin à une séance de modelage, et Jenny assiste à sa psychothérapie de groupe.

Une ou deux fois, Leila a eu une pensée pour son année de terminale, pour les interminables exercices de mathématiques et de physique, pour les cours de philosophie, pour l'apprentissage du vocabulaire anglais. Pour tous ces devoirs nécessaires qui n'en finissaient pas et pour toutes les plaintes – « Trop de travail ! Trop de travail ! » – entendues au fil des mois dans la bouche des élèves. Paradoxalement, c'est pendant ses vacances que Leila comprend réellement ce que « trop de travail » veut dire. Même les soirées ne connaissent pas le répit. Il faut encore prévoir les activités du lendemain, rédiger un court rapport sur les incidents de la journée et faire part aux psychologues et divers thérapeutes des anomalies constatées chez l'un ou l'autre des jeunes pensionnaires. Leila, qui a pourtant grandi dans une cité de banlieue, découvre que l'expression « jeune en difficulté » peut revêtir de multiples significations. Les soirées s'étirent, à commenter les débordements grands et petits qui ont rythmé la journée : cela va de l'insulte sans gravité à l'empoignade sérieuse. Au cours de ces discussions entre adultes, il est beaucoup question de Brendan, un ado qui joue les terreurs et donne bien du fil à retordre à Lionel qui en a la charge. De Jenny, aussi, jugée rétive, récalcitrante, agressive.

Les animateurs, qui bénéficient d'un unique soir de liberté par semaine, n'ont nulle part où aller : le premier village est à huit kilomètres, et de toute manière il n'y a rien à y faire. Alors on se résigne à rester sur place, dans le centre de vacances devenu le centre du monde, en essayant de trouver quelques minutes pour répondre aux SMS des amis.

Ce soir Leila s'est promis d'appeler ses parents ; cela fait partie du devoir auquel elle s'astreint, dans un souci où se mêlent le respect filial qu'on attend d'elle et la volonté sincère d'échanger quelques mots avec ses proches. Dans son sac, le portable, qu'elle range toujours dans la même poche de côté, reste introuvable. Leila retourne son lit et inspecte la pile de vêtements propres soigneusement pliés dans la petite armoire métallique. Elle fouille même dans le sac de linge sale qu'elle a glissé sous son lit. Le portable s'est volatilisé.

Leila sait bien que son téléphone n'a pas simplement disparu. Elle ne l'a utilisé qu'une ou deux fois depuis son arrivée et ne l'emporte jamais avec elle dans la journée à cause des séances de piscine quotidiennes. Si le portable ne se trouve plus dans ses affaires, c'est qu'on le lui a pris. C'est un vol, qu'il va falloir signaler à Jocelyne Ferrandi sans attendre.

Leila cherche de nouveau, pour ne pas courir le risque de se plaindre à tort, mais elle connaît la vérité. Elle pense même connaître le coupable.

Jenny.

Leila se demande, pendant quelques instants, si elle se laisse entraîner à porter une accusation irréfléchie. Oh, bien sûr, elle ne possède aucune preuve. Juste une certitude en elle-même. Peut-être parce qu'elle connaît l'histoire de Jenny, que Lionel lui a racontée. La mère de Jenny a été condamnée l'an dernier, elle se trouve en prison à l'autre bout de la France. Leila ne connaît pas le motif de cette incarcération, qui fait partie du secret du dossier. Mais elle sait que Jenny a l'obligation de respecter l'injonction du juge : aucun contact autorisé entre la mère et la fille. Ni visites, ni coups de téléphone.

Assise au bord de son lit, Leila balance les pieds d'avant en arrière. Elle devrait aller trouver Jocelyne et mentionner la disparition du portable sans perdre une seconde. Attendre, c'est prendre le risque de laisser à Jenny le temps de téléphoner. C'est accepter, par inaction ou négligence, de laisser s'accomplir un acte illégal. Pourtant Leila tarde à agir : elle n'aime pas trop l'idée d'aller cafeter comme un élève de CP auprès de la directrice.

Elle s'est décidée, enfin. Elle réglera l'affaire elle-même, en toute discrétion. Elle se faufile sans bruit dans le corridor et entre doucement dans la chambre que partage Jenny avec deux autres filles de son âge. La lumière est encore allumée, personne ne dort.

– Jenny, dit Leila à mi-voix.

L'adolescente ne lui accorde aucune attention.

– Rends-moi mon portable. S'il te plaît.

Jenny regarde son animatrice dans les yeux et prend ses camarades à témoin.

– Regardez ça, vous autres : une Arabe qui m'accuse de vol !

Leila ne relève pas. Ce n'est pas la première insulte raciste qu'elle doit encaisser, et elle n'aime pas faire de vagues. Elle attend.

– Casse-toi ! insiste Jenny, et son ton se fait franchement venimeux.

Mais Leila y tient, à ce portable. Elle n'a aucun désir de laisser faire. Elle s'approche de Jenny en tendant la main.

– Mon portable, répète-t-elle avec toute la fermeté dont elle est capable.

Pas de réponse. Leila n'entend rien d'autre que le souffle court de l'adolescente qui soutient son regard sans faiblir.

Pendant une fraction de seconde, le temps semble suspendu. D'un coup, Jenny se tend comme un félin prêt à l'attaque. Leila n'a rien vu venir. Elle sent la cuisante brûlure des ongles qui lui labourent la joue, elle entend les vociférations sifflantes et les injures qui jaillissent en saccades de la bouche de Jenny. L'agression ne dure que quelques secondes : assez pour que coule le sang sur les joues de Leila, assez pour que la poigne solide d'un Lionel alerté par les cris vienne mettre un terme à l'altercation.

Sous la violence du choc, Leila un instant craint de s'évanouir, mais Lionel la tient fermement par les épaules. De sa main libre, il a repoussé Jenny qui s'affale sur son lit en détournant la tête.

– Tu ne pouvais pas savoir, dit-il à Leila.

Il répète encore : « Tu ne pouvais pas savoir. »

Leila n'a pas fait un geste. Le liquide chaud souille ses joues, son menton et son cou, la barbouillant de rouge gluant. Elle n'a pas bougé. Mais dans l'odeur fade et métallique de son propre sang elle goûte enfin l'amertume des larmes de son père.

BENJAMIN

(14 juillet)

La nuit tardait à tomber mais, sur la terrasse, on avait allumé déjà des lampions bleus, blancs et rouges, en l'honneur de la fête nationale.

Adossé à la balustrade, Benjamin faisait tourner son verre entre ses doigts. La surface convexe accrochait les couleurs des lumignons et lui renvoyait le reflet de son propre visage sous l'apparence d'un portrait contrefait et grotesque. Cela l'amusait beaucoup : une petite inclinaison de la main, et dans la courbe du verre ses joues semblaient se gonfler, sa bouche se tordait et le haut de son crâne s'étirait démesurément.

Un vent trop frais pour la saison s'était levé en fin de journée, et Benjamin se retint de frissonner dans sa chemise à manches courtes. Ils étaient venus en groupe dans ce pub à la mode pour profiter de la terrasse au-dessus de la mer qui leur offrirait, un peu plus tard dans la soirée, un point de vue privilégié sur le feu d'artifice que l'on tirerait depuis la jetée. Mais en Normandie les soirées peuvent être bien maussades, même en plein mois de juillet, et le pull en coton que Benjamin avait négligemment jeté sur ses épaules ne suffisait pas à le réchauffer.

Pour Benjamin, les vacances avaient commencé sitôt après les résultats du baccalauréat. L'été, dans sa famille, suivait un ordonnancement précis, répété d'année en année, et Benjamin n'avait pas souhaité y apporter le moindre changement. Il passerait donc son mois de juillet sur la côte normande dans la maison de ses grands-parents maternels avant de partir, courant août, pour l'hôtel de luxe du côté d'Amalfi où ses parents avaient depuis toujours leurs habitudes. Il n'était pas mécontent d'en avoir terminé avec le lycée. En septembre, il entrerait en fac de médecine, comme avant lui son père, sa mère et son frère aîné. Il n'était pas du tout certain d'avoir la vocation, ni même d'avoir vraiment choisi la voie à suivre, mais la médecine lui conviendrait sans doute, à condition de réussir dans une spécialité qui lui laisserait des occasions de loisirs.

Dans cette perspective, il occupait son temps de manière délicieusement répétitive, avec les vieux amis d'enfance qui se retrouvaient, chaque été, dans les villas de famille. Presque chaque jour Benjamin faisait du cabotage sur le petit catamaran que ses parents tenaient amarré au port, disputait un match de tennis avant le dîner et sortait, le soir, dans un bar ou une discothèque de la côte. Ses grands-parents, qui possédaient des chevaux, avaient depuis longtemps abandonné l'espoir de lui faire partager leur passion.

Cette année, Benjamin aurait pu aisément renoncer à ces semaines de vacances familiales; nul ne lui en aurait tenu rigueur. Juliette, la plus ravissante fille de la classe, qu'il avait fréquentée au long de ces derniers mois, lui avait même, à un moment donné, proposé un voyage à deux. Ils avaient évoqué un séjour dans les îles grecques. Oui, cela aurait pu se faire, et pourtant il avait décliné, sous le prétexte vague d'obligations envers des grands-parents qu'il n'avait jamais jugé opportun de présenter à sa petite amie. Elle n'avait pas insisté, elle était trop intelligente pour cela, mais ce refus l'avait blessée.

Benjamin cessa de jouer avec son verre pour jeter un coup d'œil autour de lui. Tout le monde était arrivé, la terrasse du bar s'était remplie, et il apercevait maintenant son petit groupe de copains, auquel s'étaient adjoints pour la soirée quelques éléments isolés: deux ou trois filles assez jolies qui venaient pour la première fois dans cette station balnéaire plutôt huppée, et que l'on avait rencontrées ces jours-ci. L'une d'elles, prénommée Violette, lui avait paru attirante au premier regard, quoiqu'il n'eût pas encore échangé plus de quelques mots avec elle. Mais il n'avait pu s'empêcher de remarquer tout de suite ses manières de jeune fille aisée et ses longues mains soignées : il avait toujours aimé les mains fines et les ongles manucurés.

Au moment précis où il allait s'approcher de Violette, son portable se mit à vibrer dans la poche de son jean. Juliette, bien sûr. C'était la troisième fois qu'elle téléphonait depuis le matin, sans jamais laisser de message. Trois appels : Juliette ne savait pas se passer de lui. Il se souvint qu'il n'avait pas non plus répondu à l'e-mail qu'elle lui avait envoyé la veille. Il extirpa l'appareil de sa poche, hésita un instant, regarda l'écran s'allumer, puis s'éteindre. Il n'avait aucune envie de répondre.

Benjamin rangea le téléphone et but une gorgée de ce cocktail au nom compliqué qu'on lui avait servi. Il ne s'expliquait pas vraiment son attitude. Pourtant, Juliette lui plaisait. Elle lui avait plu dès la rentrée dernière, et il avait bataillé durant des semaines avant qu'elle ne se laisse séduire. Cela, en soi, était assez rare. D'ordinaire le charme de Benjamin opérait sans effort. On se pressait autour de lui en le complimentant sur son sourire, la couleur de ses yeux ou sa chevelure où s'emmêlaient les boucles ; son regard, surtout, semblait retenir l'attention : on se perdait dans ses yeux brun-vert, d'une nuance incertaine, où jouaient des reflets glauques et un éclat émeraude. Des yeux capables de manquer de tendresse, mais pas d'intelligence.

Juliette avait pris son temps avant de se décider. Depuis l'hiver dernier, les deux lycéens entretenaient une relation assez paisible qui pouvait paraître insipide mais semblait les satisfaire. Juliette s'était beaucoup attachée à lui, Benjamin le sentait, mais elle n'était pas du genre à le claironner partout. Il avait apprécié. Il aimait aussi, de manière un peu perverse, susciter la jalousie autour de lui : la plupart des garçons de la terminale auraient donné cher pour prendre sa place. Juliette était vraiment ravissante. Maligne, en plus. Excellente élève, sérieuse et motivée, comme disent les bulletins trimestriels. Peu avant Noël, ils avaient couché ensemble pour la première fois, et ils avaient continué, souvent l'après-midi dans l'appartement des parents de Benjamin où ils pouvaient se retrouver seuls. Cela n'avait en rien nui à leur réussite scolaire : comme lui, Juliette s'y entendait pour concilier ses intérêts sans se laisser déborder. Le matin des résultats du bac, ils étaient partis bras dessus bras dessous : Benjamin ne se rappelait pas avoir été anxieux. Juliette et lui avaient fêté leur réussite avec quelques amis de leur classe. Ils avaient quitté la soirée ensemble et elle avait passé la nuit à ses côtés. Ils s'étaient séparés dans la matinée : elle l'avait accompagné jusque sur le quai de la gare.

Depuis, ils ne s'étaient téléphoné qu'une seule fois. Où était Juliette, à cette heure ? Benjamin n'en savait rien, et cette ignorance le surprit. Elle devait être partie en vacances à son tour : il se souvenait d'avoir entendu parler d'une maison du côté d'Auch. C'était sans grande importance : ils avaient prévu de se croiser brièvement avant le départ du jeune homme pour l'Italie. Ils auraient peu de temps à partager, deux jours tout au plus. Ce serait court, mais Benjamin ne ressentait aucune nécessité d'en exiger davantage. Les vacances étaient faites de cela : des départs et des retours, avec les inévitables séparations qui les accompagnent.

Tout de même, sa répugnance à répondre aux appels de Juliette faisait naître un soupçon dans l'esprit de Benjamin. Fallait-il y voir le signe que leur histoire touchait à sa fin ? Juliette était-elle déjà, sans qu'il l'eût vraiment décidé, sortie de sa vie ? Il était trop tôt pour l'envisager. Il but une nouvelle gorgée de son cocktail, un mélange insolite et douceâtre. Levant la tête, il croisa, de loin, le regard de Violette. Il l'attirait, cela se sentait. Amusé par cette constatation, il se mit à fredonner très bas : VI-O-LETTE,

JU-LI-ETTE, détachant les syllabes et répétant les deux prénoms à trois ou quatre reprises. Ça rime, se dit-il, et cela aussi l'amusa. Un instant, il tenta de s'imaginer au bras de Juliette, en septembre. Curieusement, cette idée l'attrista.

Juliette. Violette. « Faut-il vraiment choisir ? » se demanda Benjamin. Il n'était pas habitué aux questionnements inutiles, ses propres hésitations l'agaçaient. Il se représenta les longues mains fines de Violette. Elle jouait sûrement du piano ; il lui poserait la question, cela fournirait une belle entrée en matière.

Le vent avait forci. Un vol de mouettes passa au-dessus du bar en jetant des cris brefs. Benjamin fit un pas en direction du petit groupe qui riait trop fort de l'autre côté de la terrasse. Violette le guettait du coin de l'œil, il en était certain. Il fut pris d'une irrésistible envie de lui plaire, de la faire rire, d'user de son charme pour vérifier que son potentiel de séduction restait intact. Il se sentait comme une mécanique rouillée qui exigeait d'être remise en route. Il voulait vérifier sur-le-champ sa capacité à capturer l'attention, en jouant de l'intensité de son regard et du mouvement délicat des boucles qui couronnaient son front. C'était un besoin impérieux, une prescription incontrôlable, quelque chose qui tenait de la nécessité vitale et de l'exercice du pouvoir.

La première fusée du feu d'artifice venait d'être tirée au-dessus de la mer, chassant au loin un nouveau vol de mouettes. Benjamin vida son verre, arrangea le pull qui avait glissé de ses épaules et s'approcha nonchalamment du groupe de ses amis.

Ce soir, décida-t-il. Ce soir Violette dormirait auprès de lui.

TRISTAN

(18 juillet)

Autour de lui, l'air était saturé de chagrin.

– Tristan, tu ne manges rien...

– Pas faim. Trop chaud.

Depuis quelque temps, il se contentait de phrases laconiques, surtout pour répondre à Béatrice. En retour, elle posait de moins en moins de questions.

Tristan regarda sa mère à la dérobée. Elle mâchonnait la même feuille de salade depuis trois ou quatre minutes avec une application excessive.

Je dois partir d'ici, pensa Tristan. Quitter en vitesse ce navire qui sombre avant qu'il ne soit trop tard.

Il régnait depuis le début de la semaine une chaleur suffocante. Même le jardin succombait sous la poussière. Tristan haïssait cette maison, ce jardin, ce pin parasol pourtant luxuriant sous lequel on avait placé la table. Une mauvaise idée, d'ailleurs:

de temps à autre une pomme de pin atterrissait au milieu des assiettes.

Béatrice prit une nouvelle feuille de batavia sans même lever la tête. Tristan en déduisit que sa mère continuait à se voiler la face; elle gardait les yeux rivés vers le bas, refusant de regarder ses deux enfants. Depuis combien de temps n'avait-elle pas levé son regard vers Tristan et sa sœur? Revenir ici avait été une erreur. Même Béatrice avait dû s'en apercevoir. On aurait mieux fait de vendre la maison. La louer, au moins, pendant quelques années, histoire de leur laisser un peu de temps. Au lieu de cela, Béatrice s'était entêtée: «Nous devons continuer à vivre comme avant, affirmait-elle. Garder nos habitudes.»

Quelle stupidité, songeait Tristan avec colère. Quelle ineptie! Tout a changé, depuis que mon imbécile de père a jugé bon de mourir. On pouvait lui objecter que son pauvre père ne s'était pas suicidé: un infarctus l'avait terrassé. Pffuit, comme ça: à quinze heures il se promenait, à seize heures il passait de vie à trépas. Ça s'était produit l'été précédent. Sous le même soleil insupportable. Mais a-t-on idée d'aller courir en plein soleil, sans chapeau et sans entraînement? Il était parti sans prévenir: une petite séance de jogging sur les sentiers du parcours de santé aménagé en haut de la crête. Peut-être les mots

« Parcours de santé » à l'entrée du chemin l'avaient-ils bêtement rassuré. Il avait couru comme un débile sous le cagnard, et cette bêtise lui avait coûté la vie. Le lieu était plutôt fréquenté, mais pas aux heures les plus chaudes. C'est un autre sportif, un type jeune et exercé, lui, qui était venu buter sur le cadavre. Drôle de rencontre, c'était risible. Depuis ce jour-là, Tristan pensait toujours « ce sale con » quand il évoquait son père, mais bien sûr il ne l'aurait avoué à personne.

Le résultat de tout ça, à présent, c'est que tout allait mal. Sa mère avait plongé en elle-même et n'était jamais remontée à la surface. Quant à Angèle... Tristan coula un regard vers sa sœur, assise au bout de la table. Devant elle la salade était intacte, elle n'avait touché à rien. Au moins, côté bouffe, on fait des économies, songea-t-il, cynique.

Méconnaissable, Angèle. En un an, elle était devenue... transparente. Pas seulement triste ou amaigrie. Elle avait seize ans et disparaissait peu à peu : elle se dissolvait dans l'air. Les seins d'abord avaient fondu, puis tout le reste, à mesure. Sa peau diaphane avait pris des reflets nacrés, son regard s'était voilé ; on voyait les veines bleues aux tempes, et même autour de sa bouche. Ses paupières battaient constamment, comme si elles avaient eu une activité mystérieuse qui n'avait rien à voir avec le reste, découvrant des yeux épuisés de lassitude, posés au-dessus de grands cernes mauves. Son corps flottait dans des vêtements informes.

Tristan essaya d'accrocher, un instant, le regard d'Angèle. En pure perte. Il pensa aux cornets de glace de son enfance, au fluide froid et collant qui lui coulait sur les doigts. Si on attendait trop, ça descendait le long du cornet et les couleurs se mélangeaient, fraise-citron, vanille-chocolat. Bientôt Angèle atteindrait la consistance d'un sorbet fondu. Croit-elle vraiment que je n'ai rien remarqué ? se demanda Tristan pour la millième fois. Lui seul semblait s'être aperçu de sa pâleur, lui seul scrutait l'avancée de la maladie. Béatrice restait aveugle ou refusait l'évidence. Sa cécité la protégeait.

Tristan réfléchissait malgré lui. Ma sœur est malade, c'est une certitude. Je devrais en parler à notre mère. La secouer. Papa est mort, soit, c'est désolant, mais nous, hein ? Nous sommes ses enfants, et elle s'en fiche. Elle ne nous voit plus. Chaque jour qui passe l'éloigne de nous. Je vais partir. Tant pis pour Angèle. Sauf que là, si on ne fait rien, Angèle va filer rejoindre Papa. Et moi je suis impuissant à changer tout cela.

Tristan détestait ce genre de pensées qui l'encombraient en permanence depuis quelques mois. Il ne souffrait plus vraiment de l'absence de son père, il avait remis le chagrin à plus tard. L'année scolaire avait passé, il avait obtenu son bac, il s'était inscrit en archi. « Ah bon, avait dit Béatrice, architecture, alors ? J'aurais pensé plutôt... » Mais elle avait oublié de terminer sa phrase, et Tristan n'avait jamais cherché à en connaître la fin. Lui non plus n'avait pas accordé à son choix d'études une attention soutenue : il avait eu l'idée de l'architecture, il s'était persuadé que ça conviendrait. Peut-être – et il grimaçait en réfléchissant de cette manière-là –, peut-être dois-je apprendre à construire, puisque tout s'écroule autour de moi. Ah, ah.

Brusquement Angèle quitta la table en emportant son assiette.

Voilà, c'est le moment, je devrais parler maintenant, et j'en suis incapable, pensa encore Tristan en attrapant une pêche dans le compotier. Une guêpe lui tournait autour pendant qu'il pelait le fruit. Il la repoussa d'un mouvement vif.

– Tu vas te faire piquer, dit Béatrice d'une voix morne.

Essaie seulement, répondit Tristan à l'insecte. Il posa son couteau pour observer l'approche de la guêpe. Dans l'assiette le fruit, très mûr, avait commencé à lâcher du jus. La guêpe s'était posée sur le rebord et, dans l'intention de se régaler, avançait avec précaution, appuyée sur ses trois paires de pattes. Fasciné, Tristan se rapprocha pour examiner de plus près les pattes fines attachées au thorax et l'abdomen jaune vif rayé de noir. L'animal lui sembla assez beau.

– Tristan..., répéta Béatrice, mais dans sa voix son fils ne discernait ni chaleur ni inquiétude, seulement cette langueur obstinée, ce chagrin indicible qui l'enveloppait comme un linceul et limitait tous ses mouvements.

Je la hais, pensa Tristan, et il s'effraya de sa propre pensée. Ou plutôt : je la méprise de s'être laissée aller, de nous abandonner ainsi, de s'être murée vivante.

La guêpe plongeait enfin la tête dans le nectar qu'elle avait convoité.

Je te hais, se dit encore Tristan, sans bien savoir à qui il s'adressait.

À la limite de l'abdomen rayé, à l'endroit le plus étroit du corps de l'insecte, il abattit son couteau.

JULIETTE

(30 juillet)

Elle entendit la voix de sa mère résonner dans l'escalier.

– Juliette ! Juliette !

Puis encore, après quelques secondes de silence :

– Nous partons maintenant ! Tu viens avec nous ?

Juliette fit un effort colossal pour se relever et entrebâilla la porte pour se faire entendre.

– Merci, non, parvint-elle à dire d'une voix presque normale avant de repousser le verrou de la salle de bains.

Il y eut encore quelques bruits aisément identifiables : l'éclat de la voix de ses jeunes frères qui se chicanaient en riant, la chute d'un objet au bas des marches, le claquement de la porte d'entrée. Puis ce fut le silence, et Juliette sut qu'enfin elle était seule dans la grande maison.

Elle reprit immédiatement sa place sur le rebord

de la baignoire et se tint la tête dans les mains. Elle sentait les larmes glisser le long de ses joues jusque dans son cou, sur ses avant-bras et même ses genoux, elle en était trempée. Elle ne faisait rien pour les retenir : il lui semblait qu'en pleurant elle évacuait une partie de sa terreur.

Depuis combien de temps était-elle enfermée ici ? Une heure, au moins. C'était un miracle d'avoir échappé si longtemps à la vigilance maternelle. Il est vrai qu'elle avait fait couler l'eau de la douche longuement, pour donner le change. On avait dû la croire occupée à quelque mystérieuse séance de soins esthétiques. Et puis les jumeaux, qui venaient d'avoir neuf ans, ne laissaient aucun répit à leur mère : on avait moins de temps pour elle, c'était aussi bien comme ça.

Juliette sentit ses larmes refluer. Elle devait se calmer, s'exhortait-elle, tenter de comprendre, prendre le temps de réfléchir. Sa première réaction avait été violente. Juliette avait d'abord été frappée de stupeur, puis son corps lui avait signifié son refus. Sous le choc, elle avait été prise d'un spasme terrible qui l'avait saisie au creux de la taille avant de remonter vers sa gorge. Elle avait à peine eu le temps de se pencher pour laisser s'écouler un flot de bile jaune et dégoûtante qui lui avait laissé la bouche pleine d'amertume.

Sa première pensée, ensuite, n'avait pas été pour elle-même, mais pour Benjamin. Elle lui avait téléphoné à plusieurs reprises, au début du mois, juste après qu'il était parti pour la Normandie ; mais au bout de quelques jours il avait été clair qu'il ne souhaitait pas répondre.

Elle avait respecté sa volonté d'être tranquille, d'imposer une parenthèse qu'il jugeait sans doute salutaire ; ces derniers temps elle s'était alarmée de ce silence qui se prolongeait. Les doutes avaient fait leur apparition, immanquablement. Elle avait essayé d'étudier la situation avec objectivité : elle aimait Benjamin ; la réciproque n'était peut-être pas vraie. Ils avaient passé d'excellents moments ensemble, mais elle n'avait pas suffisamment tenu compte de ses réticences à lui. Elle s'était rassurée en qualifiant de réserve la distance qu'il avait toujours maintenue entre eux. Elle s'en était habilement accommodée.

Et maintenant ? se dit-elle, aussitôt secouée de plus belle par les pleurs. Maintenant, elle se trouvait seule et désemparée, incapable d'envisager son avenir. Il le faudrait bien, pourtant, et il n'y avait pas de temps à perdre. Sa gorge, comme égratignée au passage de la bile, s'était mise à brûler. Elle avait des frissons. Elle se sentait affaiblie et malade. Ridicule, aussi : elle s'était enroulée dans une serviette et se tenait toujours assise au bord des fesses sur l'angle de la baignoire.

Tout étourdie d'avoir tant pleuré, Juliette se remit sur ses jambes. Elle devait accepter de s'approcher de ce lavabo qui lui glaçait le sang, faire couler l'eau fraîche et se tamponner les paupières pour effacer un peu les traces de sa détresse. Son regard capta le reflet de sa silhouette dans le grand miroir en pied : elle détourna aussitôt les yeux. Comment en était-elle arrivée là ? Mentalement, elle faisait et refaisait l'histoire de sa relation avec Benjamin ; elle ne parvenait pas à mettre le doigt sur l'erreur, et cela ajoutait encore à son désarroi. Une fois de plus, elle cherchait pour elle-même les pensées lénifiantes qui occulteraient la réalité : la fin du mois approchait, elle allait voir Benjamin avant qu'il ne reparte en vacances, vers la côte amalfitaine cette fois. En même temps qu'elle échafaudait le projet de ces retrouvailles, elle ne parvenait pas à se convaincre que deux jours avec Benjamin lui apporteraient le moindre soutien.

Il y eut un bruit de moteur au loin, et Juliette craignit une seconde de voir sa solitude dérangée, mais déjà la voiture s'éloignait sur le chemin du dessous. On n'attendait personne. Elle ouvrit le robinet d'eau froide et commença à se rafraîchir les yeux et les joues. Elle raidit un peu sa position devant le lavabo : cela l'aida à ne pas s'abandonner à une nouvelle crise de larmes. Mais elle n'osait toujours pas regarder de côté ; au contraire, elle fixait son visage dans la glace, y cherchant un indice qu'elle ne trouvait pas. Les battements de son cœur se calmaient peu à peu. Elle allait se reprendre, retrouver son sens de l'organisation et faire face, elle s'en savait parfaitement capable. N'était-elle pas une jeune fille réputée intelligente et sérieuse ? Un immense chagrin l'envahit à cette pensée : elle eut peur, un instant, d'avoir tout gâché, mais elle réussit à chasser cette idée odieuse. Peu importaient Benjamin et ses silences suspects. En septembre, elle entrerait dans sa classe préparatoire ; avec beaucoup de travail et un peu de chance, elle finirait bien par décrocher l'agrégation de mathématiques dont elle rêvait depuis des années. Un accident de parcours comme celui qu'elle affrontait aujourd'hui ne pourrait pas la détourner de ce projet qu'elle nourrissait depuis bien trop longtemps.

Juliette prit une longue inspiration et tenta de mettre un peu d'ordre dans son esprit chamboulé. Comment tout cela était-il arrivé ? Elle se posait la question avec insistance, sans espérer cependant trouver la réponse. Peut-être ne la connaîtrait-elle jamais. Elle devait juste dompter sa terreur, absorber la vérité si déplaisante, monstrueuse même. Il n'était pas trop tard, à condition de savoir s'y prendre. Elle rassembla son courage et se planta devant la glace. Lentement, elle fit glisser la serviette et observa pendant quelques secondes ses hanches graciles de jeune fille. Puis elle accepta, enfin, de tourner son regard vers le petit objet posé sur le rebord du lavabo. Elle frotta ses yeux du revers de la main, comme pour se persuader qu'elle n'avait pas rêvé tout cela, et se pencha pour l'étudier.

Qu'avait-elle espéré cette fois ? Que la réalité pourrait se dissoudre et disparaître, comme lorsqu'on s'éveille d'un cauchemar ? Tout était vrai, hélas, et l'évidence se trouvait sous son nez. Pour en avoir le cœur net, elle relut, pour la troisième ou la quatrième fois, la notice. Elle avait parfaitement suivi les instructions, et le résultat était parfaitement clair, lisible sous la forme d'une barrette bleue qui n'aurait jamais dû se trouver là. Juliette était enceinte.

Elle n'avait aucune idée de la manière dont la catastrophe s'était produite ; elle avait acheté discrètement le test de grossesse par acquit de conscience mais sans réelle appréhension. La réponse était sans appel et ne laissait place à aucune ambiguïté.

Lorsqu'elle avait vu apparaître le petit trait bleu clair sur la surface blanche, Juliette avait sombré dans le brouillard. Presque tout de suite la nausée était venue, un épouvantable malaise qui l'avait contrainte à chercher, par terre, la fraîcheur du carrelage ; elle ne tenait plus debout. Benjamin ! aurait-elle voulu crier, et il serait accouru aussitôt. Elle revoyait les boucles de Benjamin penchées au-dessus d'elle et l'éclat particulier de ses yeux lorsqu'il était agacé. Elle aurait voulu l'appeler très vite, pour partager l'affreuse nouvelle et mettre fin à sa propre solitude. Elle avait tout de même préféré attendre. Elle s'était forcée à réfléchir. Son esprit habitué au raisonnement la poussait à faire de longs et savants calculs qui ne menaient nulle part. Maintenant, et avant de prévenir Benjamin, il était grand temps de se ressaisir. Tout cela était le fruit d'une énorme erreur dont elle renonçait à chercher la cause, mais qu'elle se devait de rectifier. En mars prochain, elle aurait dix-neuf ans. Elle tenta de s'imaginer avec un ventre énorme, prête à accoucher, et n'y parvint pas.

Juliette respirait méthodiquement. Sa situation lui apparaissait avec une clarté confondante. Elle refusait de s'attendrir. Quant à appeler Benjamin... Non, mieux valait renoncer. Elle écrirait. Quelques phrases courtes et claires qui arriveraient directement sur un iPhone. Bien sûr, étant donné les circonstances, elle aurait pu rédiger une vraie lettre, mais elle ne le ferait pas : une méfiance instinctive l'en empêchait, la certitude absurde que Benjamin enverrait l'enveloppe à la poubelle sans l'ouvrir. Décidément, un e-mail paraissait préférable; Benjamin y jetterait au moins un coup d'œil, la curiosité serait la plus forte.

Juliette en était persuadée: elle trouverait les mots justes. Elle ne fournirait aucune explication; Benjamin n'en avait cure. Elle annulerait seulement leur rendez-vous. Elle ne soufflerait mot de rien d'autre. Elle éviterait toute cruauté inutile. Par exemple, elle n'avouerait pas à Benjamin que désormais, elle ne souhaitait ni le voir ni le toucher. Pas même le croiser. Elle n'admettrait jamais devant quiconque que son amour pour Benjamin venait d'être soufflé par une colossale explosion. Elle ne dirait rien de son dégoût de lui: elle avait juste cessé de l'aimer, comme ça, brutalement, et elle acceptait sans état d'âme, et même avec un peu de soulagement, la fin de leur histoire. Pour le reste, elle en faisait son affaire, elle n'était pas fille à partager ses tourments avec le premier venu. Oui, c'était bien suffisant comme ça, elle ne souhaitait faire souffrir personne. Et puis elle se sentait ridicule, de s'être laissé piéger comme une gamine. Pas un mot: elle ne dirait pas un mot de cette matinée sordide, de la barrette bleue qui tentait de lui barrer l'avenir et de cette vie mystérieuse au creux de son ventre.

« Après tout, trancha Juliette en relevant la tête devant la glace, tout cela ne regarde que moi. »

Subitement apaisée, elle attrapa ses vêtements et commença à s'habiller.

THIBAULT

(4 août)

4 août : Thibault avait fêté ses dix-huit ans la veille. « Sur un nuage » : c'est l'expression qui lui venait à l'esprit lorsqu'il songeait à son état présent. Jamais jusqu'ici il ne s'était senti aussi heureux. Même lorsque, tout petit, il montait Cannelle, le poney que lui avait offert son père.

Dix-huit ans. Une mention bien au baccalauréat qui avait ravi ses parents, et deux semaines déjà depuis son arrivée dans la villa de sa mère, sur les hauteurs de Saint-Tropez. Mais attention, hein : Thibault ne mettait jamais les pieds à Saint-Tropez. Beaucoup trop chic et tapageur. Non, ce qui lui plaisait, à lui, c'était la plage bien plus tranquille de Gigaro. Un endroit moins en vue et plus familial où, d'une année sur l'autre, il retrouvait ses potes d'enfance. Cet été, il n'avait plus de compte à rendre à quiconque. Plus d'horaires de rentrée, finie l'obligation de révéler, à chaque instant, où on se trouvait et avec qui. Thibault n'en finissait pas de savourer cette liberté nouvelle. Enfin.

La veille au soir, on avait fait la fête. Pour une raison qu'il avait oubliée, il avait montré à ses copains de plage la photographie prise juste avant son départ. Il avait ri des commentaires qui fusaient: « Dis donc, combien elle mesure, celle-là ? », à propos d'Emma; « Il fait la gueule ou quoi ? », à propos de Bastien. Il y avait eu quelques sifflements admiratifs pour Juliette, et il avait zoomé sur son portable pour qu'on la voie mieux: c'est vrai qu'elle était canon, Juliette, et il en avait un peu rajouté, juste pour le plaisir de faire baver ses potes et de sentir, sur son bras, la petite crispation venue de la main d'Éléonore. Elle était jalouse. Déjà, s'était dit Thibault avec satisfaction. Il ne détestait pas, pas du tout, l'idée de l'avoir rendue possessive. Cette fille, c'était une bombe, et il avait réussi à se l'attacher à lui dès les premiers jours. Elle était nouvelle sur la plage, sa famille avait loué un appartement dans une résidence du coin. Pas le même monde que la villa de ses parents à lui, bien sûr, mais qui se souciait de ça pendant les vacances ? L'essentiel, il l'avait: une belle fille sur qui on se retournait avec envie, et qui restait pendue à son bras du matin au soir.

Dès la fin de la première semaine, il avait ramené Éléonore dans la villa. Sa mère s'en fichait, de toute manière, et son père était encore retenu à l'agence. Il devait se rendre à l'évidence : sa mère se moquait totalement des faits et gestes de son fils unique. Elle s'intéressait davantage à ses séances de piscine et ses rendez-vous chez l'esthéticienne. Il n'allait pas s'en plaindre : ça l'arrangeait bien, en fin de compte. Mais il s'était senti, quand même, un peu gêné quand Éléonore avait laissé transparaître sa surprise. « Et tes parents ? » Il avait noyé le poisson avec une boutade : « C'est chez moi, ici, non ? Et puis dans quelques jours je suis majeur. » À cela, elle n'avait rien à répliquer ; elle-même avait eu dix-huit ans quelques mois auparavant.

Thibault passait des vacances de rêve. Comme dans un vrai rêve ; en toute indépendance, sans le moindre souci, et avec une très jolie fille entre ses bras. Il ne manquait de rien, et surtout pas d'argent : ses grands-parents avaient tenu à récompenser largement la mention au bac, et de toute manière ses parents allongeaient chaque mois une jolie somme pour ses sorties. Il n'allait pas se priver.

Pour fêter son anniversaire, ils étaient huit. Il avait offert le dîner dans un restaurant de la plage, c'était la moindre des choses. On avait traîné sur le sable pendant des heures en sirotant des mojitos, et puis quelqu'un avait parlé d'aller en boîte. Il n'était qu'une heure du mat', beaucoup trop tôt pour aller se coucher un soir d'anniversaire. On avait pris les scoots et suivi la route de la côte jusqu'à la discothèque qui avait leurs faveurs. La musique gueulait. Ça ne plaisait pas tellement à Thibault, mais il n'allait pas faire le difficile: on avait dix-huit ans une seule fois dans sa vie.

En quelques minutes, il s'était retrouvé tout en sueur, et aussi assoiffé que les autres. Ils avaient bu, de nouveau, des bières et des mojitos, deux ou trois, peut-être plus, et Thibault avait fait quelques pas jusqu'au bord de l'eau en trempant ses pieds dans la Méditerranée pour dissiper son mal de crâne. Il n'aimait pas tellement boire non plus, se dit-il. Peut-être deviendrait-il, en vieillissant, aussi sérieux que son père. Un type qui n'arrivait pas à partir en vacances tant qu'il n'avait pas bouclé tous ses dossiers. Un type qui gagnait du fric en pagaille mais qui, faute de temps libre, laissait aux autres toutes les occasions de le dépenser. Thibault se força à ne plus réfléchir: le mal de tête s'intensifiait, et en plus il risquait d'attraper le bourdon.

Une pression légère sur l'épaule gauche: Thibault vit qu'Éléonore venait de le rejoindre, elle l'effleurait de sa main avant de déposer un baiser léger sur la partie charnue de son biceps. Il se retourna et, en dépit de son début de nausée (décidément, il ne devait plus boire ce soir), se pencha pour embrasser la jeune fille. Elle avait des lèvres toutes chaudes qui sentaient le rhum; elle ne se faisait pas prier pour répondre à ses baisers. De nouveau il éprouva cette sensation de bien-être absolu, si totale, si nouvelle. Il aurait voulu vivre ainsi toute une vie, un pied dans l'eau, l'autre sur le sable humide, à serrer contre lui une fille aux lèvres chaudes, celle-ci ou une autre, peu importait. Il se dit qu'il était l'homme le plus heureux du monde, et que la vie lui souriait, qu'il était un privilégié, et qu'il fallait savoir le reconnaître. Que faisaient donc Juliette, et Inès, et Emma et Clémence, et Leila, les filles de sa classe de terminale avec qui il avait passé la soirée de fin d'année? Étaient-elles blotties, elles aussi, contre la poitrine d'un garçon qui, un peu plus tard dans la nuit, les renverserait sur un lit comme il s'apprêtait à faire avec Éléonore? Un instant, une ombre vint troubler sa rêverie, sans qu'il sache vraiment pourquoi; peut-être seulement parce qu'il avait pensé, sans l'avoir prémédité, à Juliette, qui avait toujours apprécié son amitié et refusé tout le reste. Le reste, elle l'avait réservé à Benjamin.

Mais qu'importaient Juliette et les autres, les Emma, les Leila, les Inès et les Clémence, quand on avait la chance d'avoir à sa disposition la bouche humide d'Éléonore ? Une bouche qui s'entrouvrait maintenant pour lui susurrer : « On rentre ? ». Comme c'était doux, de s'entendre ainsi sollicité. Thibault se dit, pour la centième fois de la journée, qu'il avait atteint le plus bel âge de la vie et ne connaîtrait jamais rien de meilleur. Qu'à partir de ce soir, son corps allait commencer à vieillir, et certaines de ses cellules à s'abîmer et à faiblir, comme il l'avait appris lors des cours de biologie. Que même il ferait mieux de s'arrêter tout net, là tout de suite, avec Éléonore dans ses bras qui maintenant semblait agitée d'ondulations parfaitement délicieuses. Aussitôt il se fit des reproches : quelle idée ! Quel besoin avait-il de penser à l'avenir ? Le présent était bien trop beau pour cela.

Ils regagnèrent le parking en se tenant par la main. Thibault mit la clé de contact sur son scooter, Éléonore s'installa derrière lui. Ils prirent sans se presser la route qui permettait de rejoindre la villa. Dans un quart d'heure, se dit Thibault, nous ferons l'amour. Il pensa encore : je ne suis même pas sûr de pouvoir attendre un quart d'heure.

Thibault ne vit ni n'entendit rien. Un gros animal venait de surgir sur le bas-côté. Un sanglier : ils étaient des dizaines, réfugiés dans le maquis pendant la période d'été. Thibault n'enregistra pas le cri d'Éléonore qui, au dernier moment, avait vu foncer sur eux l'énorme suidé. Il n'eut aucune conscience de la violence de la collision, ni d'avoir lâché le guidon au moment où son scooter basculait dans le précipice. Il n'apprit jamais qu'au terme d'une chute de trois mètres, Éléonore s'en tirerait miraculeusement avec seulement une hanche en miettes.

Thibault ne sut jamais que la mort était venue le prendre.

JÉRÉMY

(7 août)

Dans sa chambre étriquée du 220, Morningside Drive, Jérémy, allongé tout habillé sur son lit, laissait filer les heures en contemplant distraitement les fissures du plafond et le papier peint à grosses fleurs des murs.

Pour lui, l'été avait mal commencé. Il n'avait eu, jusqu'ici, que deux journées de vraies vacances, et encore: c'était au début juillet et il attendait, avec une pointe d'anxiété, les résultats du bac. Vacances: il paraît que le mot signifie aussi «vide». Pour Jérémy, hélas, rien n'était moins vide que ces prétendues vacances qui risquaient de l'amener, épuisé, au seuil d'une nouvelle année scolaire. Le mois de juillet avait débuté avec un cours intensif de «mise à niveau» en mathématiques. D'après son père, c'était nécessaire, en dépit de la note honorable qu'il avait obtenue dans cette matière à l'épreuve du bac. « 13… Pas de quoi pavoiser », avait déclaré son père.

Prévenu dès le mois de mai qu'il ne couperait pas à ces deux semaines de travail supplémentaires, Jérémy avait préféré accepter sans mot dire. Il avait cru pouvoir se rattraper plus tard. Peine perdue : il avait péché par excès d'optimisme. Ce n'était pas la première fois. Loin de là.

Pour Jérémy, c'est le relevé des notes du baccalauréat qui avait fait basculer l'été. Des notes qui, pourtant, lui assuraient son diplôme. On méconnaît le pouvoir d'un simple morceau de papier, se disait maintenant Jérémy : j'aurais dû le faire disparaître. Première erreur. Son père avait explosé de fureur en voyant la note d'anglais. « 9 ! », avait-il grondé entre ses dents. « Inadmissible ! », Jérémy aurait dû protester, il n'en avait pas eu le courage. Après tout, il avait eu le bac… Il le savait pourtant, et depuis toujours : quoi qu'il fasse, cela resterait toujours insuffisant. On ne triche pas avec les exigences d'un père. La prudence l'avait incité à laisser passer l'orage. Deuxième erreur. Et quand son père avait annoncé qu'il fallait « redresser la barre, et tout de suite », Jérémy s'était tu, encore. Excès de confiance, et troisième erreur.

En huit jours, tout était réglé. Son père avait fait jouer ses relations. Grâce au beau-frère d'un de ses adjoints dont la sœur... (Jérémy avait oublié les détails, c'était tant mieux), son père avait déniché « quelque chose de très bien », une solution à ses yeux idéale : un séjour de trois semaines juste à la suite du stage. Deux heures de cours chaque matin, et le reste de la journée chez un couple très comme il faut qui ne disait pas un mot de français. Avec ça, Jérémy devait revenir bilingue, ou presque.

Et c'est ainsi qu'un Jérémy désespéré avait fait son entrée, dix-huit jours plus tôt, dans le pavillon du 220, Morningside Drive, quelque part dans la banlieue d'Édimbourg. Son père aurait préféré l'envoyer à Londres, pour l'accent, mais on ne devait pas se montrer trop difficile : en s'y prenant si tard, c'était déjà miraculeux de mettre la main sur cette possibilité, et il garderait une reconnaissance éternelle à son jeune subordonné. La mort dans l'âme, Jérémy avait donc troqué les vacances en camping avec quelques amis contre trois longues semaines dans la vieille cité écossaise.

Depuis sa chambre du 220, Morningside Drive, Jérémy avait un aperçu sur les ifs du cimetière et le ciel au-dessus. Un ciel couvert de gros nuages aussi plombés que son propre moral. En dix-sept jours, il n'avait connu à Édimbourg que deux après-midi de vrai beau temps. Climat pourri, été pourri, vie pourrie, pensait Jérémy qui ne trouvait plus la force de se lever. Il n'avait même pas progressé en anglais, et il allait revenir avec un accent déplorable.

Il avait mesuré l'ampleur de la catastrophe tout de suite, dès qu'il était monté dans l'avion (encore heureux que son père lui ait payé l'avion pour arriver jusqu'ici). Madame Mac Machin devait l'accueillir. Jérémy s'était torturé pendant tout le trajet. Comment devait-il s'adresser à cette dame qui le recevait chez elle ? «*Hello* !» semblait trop familier. Alors, quoi ? «*Good morning*» ? Il était midi. Est-ce qu'on dit «*Good afternoon*» à partir de midi dix ? Mentalement, Jérémy avait essayé d'autres possibilités. «*Hi* !» : exclu. «*Pleased to meet you*» : trop formel. «*Hello, Mrs Mac Chose*» : peut-être. Ou bien seulement «*Hello, Madam*» ? Non, ça faisait larbin. Il s'était pris la tête et avait atterri avec un mal de crâne. Au final, madame Mac Bidule voulait qu'on l'appelle Cheryl. C'était plus facile, mais il n'y était pas parvenu.

Cheryl et William Mac Truc étaient charmants. Dommage, ils étaient aussi écossais. Jérémy n'avait rien contre l'Écosse. Pour lui, c'était une belle nation de rugby. Il n'avait jamais entendu parler de Walter Scott et d'*Ivanhoé*. Ni de Marie Stuart, exemplaire reine d'Écosse et victime de la perfidie de sa terrible cousine Élisabeth. Il ne savait rien du Firth of Forth, l'estuaire du «fleuve noir» qui marquait la limite nord d'Édimbourg. On ne lui avait pas davantage parlé des banlieues ouvrières de Glasgow, de la pêche à la truite dans les lochs ou du whisky des Highlands. Il s'était juste demandé, en arrivant, s'il était vrai que les hommes en kilt ne portaient aucun sous-vêtement sous leur jupe plissée. C'était une bonne question, mais difficile à poser à Cheryl.

Il y avait eu les cours : deux longues heures chaque jour, jusqu'à midi. Il fallait prendre le bus pour se rendre dans le centre. L'arrêt se trouvait au sommet d'une grande montée. Le premier matin, Jérémy était trempé jusqu'aux os quand le bus était arrivé. Les jours suivants, il avait pris un parapluie. À l'Institut de langues étrangères, il y avait des zombies qui lui ressemblaient, et qui venaient de tous les coins de l'Europe : les responsables avaient formé des petits groupes en mélangeant exprès les nationalités. Jérémy s'était senti très seul. Il ne parlait pas tchèque. Ni italien, d'ailleurs. Il n'avait adressé la parole à aucun de ses camarades de galère.

Il passait les après-midi avec Cheryl. Elle connaissait la France, elle avait passé des vacances près des plages du débarquement. Elle parlait aussi trois mots de français, surtout des trucs utiles quand on voyage : elle savait demander où se trouvaient les toilettes et avait retenu sans effort le vocabulaire des menus de restaurant. C'était à peu près tout.

Elle avait quarante-six ans, mangeait trop et bavassait sans arrêt, mais elle faisait des efforts avec lui. Jérémy s'était demandé combien on la rémunérait pour ce service. Cheryl lui avait fait visiter la ville, en insistant sur le château et le Royal Mile. C'était beau mais austère, et totalement inadapté à des vacances de jeune homme. Avec William, il avait fait du bateau dans la baie du Forth, un samedi. Jérémy n'avait pas osé dire qu'il avait le mal de mer. Il avait seulement vomi par-dessus bord au bout de quelques minutes, en essayant de ne pas se salir les bottes.

Et puis il y avait la nourriture. Le régime écossais. Jérémy n'était pas difficile, et il avait de l'appétit. Heureusement. Mais quand on lui avait servi un *haggis,* fameuse spécialité du pays à base d'estomac de brebis farci, alors là, il avait dit halte. Fallait pas exagérer, quand même. William et Cheryl avaient pris l'air désolé, mais ils avaient compris.

Trois jours. Il restait trois jours à tirer ici. Ce soir, la fille de la maison devait rentrer de vacances. Elle était en Grèce, la veinarde. Vingt-quatre ans. Elle faisait des études de dentiste, c'est ce que Jérémy avait cru comprendre des explications embrouillées que lui avait données Cheryl. Cheryl était à l'aéroport en ce moment même, partie chercher sa fille. Jérémy n'avait pas voulu l'accompagner: autant laisser les gens entre eux. Et puis, pendant ce temps-là, il avait la paix. Surtout en regardant le cimetière.

Jérémy essayait d'imaginer cette fille. Comment s'appelait-elle, déjà ? Ailsa. C'est ça, Ailsa : un prénom typiquement écossais, avait expliqué Cheryl en s'attardant sur l'orthographe. Ailsa Mac Chose, ça vous pose une femme. Surtout dentiste. Jérémy imaginait la scène de leur retour : Cheryl ouvrant la porte du bas avec sa fille sur les talons. Cheryl criant « Djérémeeeee.... » à tue-tête dans l'escalier, et lui-même descendant pour rencontrer une grosse blonde, ou rousse, avec les dents en avant. Non, peut-être pas les dents, il exagérait.

Il avait occupé la chambre d'Ailsa en son absence. Peut-être lui demanderait-on de déménager pour les trois derniers jours ? Il se fichait de dormir sur le canapé du salon. De toute façon, le lit ici était trop petit pour lui.

– Djérémeeee...

Les voilà, se dit Jérémy. C'était exactement comme il l'avait prédit. Un bruit de porte, et un gloussement indistinct juste après. Et puis son prénom, tout déformé, hurlé dès l'entrée. Il fit glisser ses jambes au sol.

– *Coming* ! cria-t-il en réponse. Peut-il avait-il fait des progrès, après tout.

Un vertige le prit dès la première marche. Je

veux rentrer chez moi, pensa-t-il. Rentrer, même pour retrouver les colères de mon père. Au moins, je pourrai écouter de la musique au casque. Et puis il cessera peut-être de pleuvoir.

Cheryl se tenait au bas de l'escalier, la tête légèrement penchée. Elle était tout sourire. Elle s'écarta pour le laisser passer et fit un geste pour lui présenter Ailsa.

– *Hello!* fit la fille qui lui tournait le dos.

La fille pivota sur elle-même. Jérémy sentit de nouveau sa tête qui tournait. Je dois avoir une hallucination, se dit-il, et il se frotta les yeux. Ailsa s'avançait vers lui avec un sourire. Pas de dents en avant. Au lieu de cela, elle lui déposa un baiser léger sur la joue.

– On fait comme ça chez toi, non?

Elle parlait français impeccablement. Cheryl se mit à rire et fila dans la cuisine. Elle avait déjà prévu les sandwiches pour accompagner le thé.

Jérémy avait du mal à détacher son regard d'Ailsa. C'était une fille magnifique, un peu ronde, mais ça n'avait aucune importance, parce que ses rondeurs étaient parfaitement bien placées. Jérémy vit qu'elle avait les yeux bleus. Il se demanda comment Cheryl pouvait avoir mis au monde une fille aussi séduisante.

– *Tea!* cria Cheryl depuis la cuisine.

– Prenons le thé, fit Ailsa. Après, je t'emmène boire une bière.

Jérémy la suivit sans répondre. Les vacances commençaient. Enfin.

INÈS

(10 août)

L'Airbus survolait maintenant les plages du nord de Long Island, et l'hôtesse avait annoncé depuis un moment que l'avion commençait sa descente vers l'aéroport JFK de New York. Le visage collé au hublot, Inès se laissa gagner par l'impatience, sans trop savoir ce qui lui paraissait le plus urgent : sortir de cette carlingue après un vol de nuit pendant lequel elle n'avait pas fermé l'œil, découvrir les gratte-ciel de Manhattan qu'elle s'apprêtait à voir pour la première fois de sa vie ou, tout simplement, retrouver son père qu'elle n'avait pas embrassé depuis près d'un an.

Tandis que la terre se rapprochait et qu'on pouvait maintenant distinguer non seulement les routes, les carrefours et les zones habitées, mais encore le dessin des jardins entourant les chic villas de la côte, Inès tentait de calmer son excitation. Elle en avait fait bien souvent la triste expérience: elle avait tendance à trop attendre des autres, ce qui la rendait inévitablement sujette aux déceptions.

Ses relations avec Philippe, son père, avaient connu des hauts et des bas, surtout depuis que Philippe avait déserté sa famille – sa femme et ses deux filles adolescentes – tout juste trois ans plus tôt. Il avait choisi de quitter la France sitôt après le divorce et s'était installé d'abord à Atlanta, où son entreprise d'informatique avait trouvé à l'employer, puis à New York, depuis quelques mois. Inès, qui lui avait rendu visite l'année précédente, avait détesté Atlanta. Elle espérait que, cette fois, les trois semaines qu'elle allait passer aux États-Unis la séduiraient davantage. Ne dit-on pas que New York est l'une des villes les plus extraordinaires qu'on puisse visiter? C'est sûrement vrai, pensait Inès, mais tout le monde n'est pas obligé de côtoyer mon père du matin au soir.

Elle s'en voulait déjà d'avoir des pensées si négatives. Ces derniers jours, elle avait échangé avec son père de longues conversations. Grâce à Skype elle pouvait même le voir tandis qu'il lui parlait. Philippe s'était montré agréable, se disant très heureux de sa visite, lui annonçant mille sorties à faire, mille endroits à visiter: il avait pris deux semaines de congé pour pouvoir s'occuper de sa fille cadette et lui montrer à quel point, malgré la distance, malgré la discorde avec sa mère, malgré la mésentente qui l'avait tenu, depuis plus d'un an, éloigné de son autre fille par ailleurs accaparée par ses études, eh bien il voulait, lui, Philippe, prouver à Inès qu'elle restait l'enfant bien-aimée de son papa. Il ne disait pas sa favorite, mais c'était tout comme, et Inès espérait que cette fois tous deux, père et fille, sauraient se montrer à la hauteur et oublier les petits différends qui leur gâchaient la vie depuis trop longtemps.

Peut-être, songeait Inès en regardant par le hublot le réseau dense des rues et les immeubles de banlieue à touche-touche qui à présent semblaient tout proches, peut-être avons-nous seulement manqué de temps. Et maintenant que je suis majeure, que mon père n'a plus à assumer de responsabilité d'éducation, seulement à verser la pension qui servira en partie à financer mes études, peut-être parviendrons-nous à discuter, en adultes, de cet abandon. Faudra-t-il d'ailleurs parler d'abandon ? Sans doute pas, il pourrait mal le prendre, et puis ce vocabulaire n'est plus de mon âge. Mais il serait judicieux, malgré tout, de lui faire comprendre à quel point son départ soudain, sans période d'accoutumance préalable à l'idée de la séparation, nous a blessées, nous, ses deux filles. Ma sœur, pensait Inès, reste murée dans sa fâcherie ; mais moi je ne souhaite qu'une chose, retrouver un peu de l'intimité d'autrefois, quand

Philippe – que je n'arrive plus, en dépit de mes efforts, à appeler Papa –, quand Philippe vivait près de nous. Oh, sans doute ne s'intéressait-il que de loin à nos vies d'enfants, mais il était présent au quotidien, n'est-ce pas ? Et cela faisait une différence, c'est certain, il est peut-être juste temps de le lui apprendre.

Qu'avait-il dit, lors de cette dernière conversation sur Skype ? Il avait l'air si heureux de la visite d'Inès, il avait parlé de surprise, oui, exactement, il avait mentionné une surprise à venir. Et Inès n'avait rien demandé de plus, préférant faire durer un peu le suspense, comme pour aiguiser son appétit, mais elle avait tourné et retourné cette phrase paternelle en tous sens, savourant par avance la douceur qu'elle y décelait.

Finalement l'Airbus toucha le tarmac avec quatre minutes d'avance sur l'horaire annoncé. Inès rassembla ses affaires avec des gestes lents et calculés pour tenter de maîtriser le désordre de son émotion. Il lui fallut près de cinquante minutes pour s'affranchir des vétilleuses formalités de police ; officiellement elle se prétendait simple touriste : mieux valait passer sous silence la visite à son père, l'officier de service aurait pu la soupçonner de vouloir émigrer clandestinement. Devant le guichet, Inès appliqua son œil à l'endroit indiqué pour permettre à la police des frontières de ficher son empreinte rétinienne dans le grand catalogue des visiteurs qui foulaient, pour une raison ou une autre, le sol américain ; mais elle se contenta ensuite de sourire et d'aligner quelques mots dans un anglais hésitant. Ce faisant, elle se trouvait déjà en état de mensonge, puisqu'elle possédait assez bien la langue anglaise, l'ayant fort convenablement apprise dans un lycée convenable et ayant eu l'occasion de la pratiquer à plusieurs reprises en Grande-Bretagne et même ici, lorsque l'été dernier elle était venue rendre visite à son père.

Ensuite, il avait encore fallu guetter son bagage au milieu des valises et des sacs que crachait une grosse bouche noire. Et quand, enfin, Inès avait repéré le sac à dos marqué à son nom, elle s'était précipitée si vite pour l'arracher au tapis qu'elle s'était fait sévèrement rabrouer par une grosse dame : on l'accusait publiquement d'impolitesse. Tout au plaisir anticipé de retrouver Philippe, Inès n'y prêta pas attention et franchit, enfin, la ligne d'arrivée, passant sans encombre devant la petite table des douaniers qui, visiblement, ne la considéraient pas comme susceptible de contrevenir à la loi américaine en faisant entrer des denrées illégales sur le territoire national.

Inès le vit dès qu'elle eut passé la porte vitrée : Philippe, identique à l'image qui, deux jours plus tôt, s'affichait sur l'écran de l'ordinateur, un Philippe souriant qui faisait un pas en avant, attrapait sans effort le sac de sa fille et tendait le cou pour déposer un baiser sur le front d'Inès.

Elle s'était approchée de lui pour un premier contact, épaule contre épaule, car une fois parvenue à sa taille adulte elle était presque aussi grande que lui ; un mouvement minime, un effleurement pour renouer avec l'intimité, et Inès avait jugé ce premier geste de bon augure, comme la promesse de faire table rase des divergences anciennes. Ensuite, père et fille s'étaient engouffrés dans un taxi et Inès avait découvert pour la première fois la ligne de crêtes des tours de Manhattan, le *skyline*, comme disait son père. Philippe parlait beaucoup. Il habitait un nouvel appartement, bien plus spacieux que le précédent, nul besoin de laisser sa chambre à la disposition de sa fille, cette fois il y avait une vraie chambre d'invités qui lui était destinée ; ce nouveau lieu de vie dont il vantait les mérites se situait quelque part tout au nord de Manhattan, un quartier résidentiel très tranquille, affirmait-il, et très bien desservi, ce sera pratique pour toi si tu veux visiter la ville. Et Inès déjà se sentait déçue par ces mots « pour toi », comme si, avant même qu'elle n'eût posé son sac, elle était déjà abandonnée à elle-même.

– Et puis, continuait Philippe qui décidément semblait intarissable, je t'ai promis une surprise.

Patientons encore un peu avant d'en parler, songeait Inès, prolongeons un peu l'attente ; mais bien entendu elle garda le silence.

– La surprise porte un nom, ajouta Philippe.

Inès se sentit troublée. Un instant, elle imagina un chien, un teckel peut-être, comme autrefois Caramel qui était mort quand elle avait douze ans et qu'on n'avait pas remplacé, c'est bien trop triste la mort d'un chien, et puis après il y avait eu le divorce et il n'avait plus jamais été question de posséder un animal domestique.

– Julia.

Philippe ajouta aussitôt :

– Je préfère t'en parler avant que nous n'arrivions. Je suis sûr qu'elle va te plaire.

Ils avaient laissé le *skyline* de Manhattan derrière eux et le taxi filait plein nord à présent, arrivait-on au bout de l'île ? Des avenues toutes droites et interminables et partout des immeubles et des maisons d'habitation.

Inès tourna la tête en se demandant qui parlait. Mais en même temps, elle voyait les mots se former sur les lèvres de Philippe, et c'est bien à elle qu'ils étaient adressés.

– Elle s'appelle Julia. Je l'ai épousée le mois dernier.

BASTIEN

(16 août)

Le train s'était pratiquement vidé en gare de Limoges. Bastien avait placé le violoncelle dans le compartiment à bagages, à l'entrée de la voiture. Pendant l'arrêt, il s'était levé de son siège pour vérifier qu'on n'y touchait pas, et il en avait profité pour changer de place. Maintenant il était assis près d'une fenêtre dans un train quasi désert qui poursuivait son chemin vers le sud, vers l'Aveyron.

Encore deux heures, pensa Bastien en regardant défiler le paysage. La nature avait changé : moins de vert, moins de forêts, davantage de relief et de pierre blanche. Il n'était jamais venu dans la région, il avait choisi ce stage précis sans accorder la moindre importance au lieu. Ce qui comptait, c'était de jouer, de rencontrer d'autres jeunes, de faire de la musique avec eux. Depuis le début de l'été il attendait ces deux semaines, maintenant il avait hâte de s'y mettre. Il n'y avait pas de programme préétabli pour le stage, on verrait bien. Il avait posé sa candidature et on l'avait acceptée. Douze personnes seulement pour ce stage de haut niveau, douze cordes. Bastien ne connaissait aucun détail concernant les autres participants, sinon qu'ils étaient jeunes et avaient comme lui réussi à se faire admettre au sein du groupe. Il y aurait des violons, bien sûr, des altos et peut-être un ou deux autres violoncelles, et puis... Bastien n'en savait rien. Peut-être un piano ? J'aimerais mieux pas, songea Bastien. S'il y a un piano, il prendra toute la place, les pianistes sont comme ça, ils jouent pour eux et n'ont aucun sens du travail d'orchestre. De toute façon, la seule chose qui importait, c'était le maître de ce stage. Makowski. Le grand, très grand Makowski. Pour Bastien, peut-être le meilleur. Dans quelques heures, il lui serrerait la main.

Le train ralentissait, on arrivait en gare d'Uzerche. La ville moderne, tapie au fond d'une gorge, restait presque invisible, parce que la ligne de chemin de fer passait loin au-dessus, à proximité de l'éperon où s'accrochait la partie ancienne de la cité. En repartant, le train roula lentement le long d'une large courbe, et Bastien aperçut en contrebas le méandre de la Vézère. La voie ferrée croisait la route, le train n'avait toujours pas repris de vitesse ; Bastien réussit à lire un panneau indicateur, direction Tulle et dessous, en plus petit, Maison d'arrêt.

Maison d'arrêt, ça veut dire prison, pensa Bastien. Est-ce qu'il vaut mieux être mort ou emprisonné ? Si j'avais le choix ? Mais il ne pouvait pas répondre. Dans sa tête il entendit les premières notes d'une *Suite pour violoncelle* de Bach qu'il avait étudiée cette année au conservatoire. S'il devait aller en prison, pourrait-il garder son instrument dans sa cellule ? C'était peu probable. Mieux valait mourir, alors. La nouvelle de la mort de Thibault s'était répandue sur Facebook, il l'avait apprise en même temps que les autres. Si on lui avait demandé son avis, Thibault aurait-il choisi la mort ou l'enfermement ? Il aurait sûrement penché pour la vie. Même en maison d'arrêt. Même sans instrument, ni ordinateur, ni Facebook. Même sans Juliette, qui n'avait jamais voulu de lui et lui avait préféré Benjamin. De telles pensées laissaient Bastien accablé.

Bastien déroulait mentalement la deuxième *Suite pour violoncelle* en respectant le tempo. C'était sa préférée, en *ré* mineur, il l'avait travaillée avec l'un des autres garçons du cours. Il ne faisait aucun geste : il était assis immobile et distinguait la forme ventrue de l'instrument bien à sa place dans le casier à bagages ; mais il restait concentré sur les notes, se crispant légèrement avant un passage difficile, attentif en pensée à la souplesse du bras qui tenait l'archet. Je rêve, se dit-il, ou plutôt : je suis fou, parce qu'il jouait mieux dans sa tête que dans la réalité ; la musique l'enveloppait et il n'avait aucun désir d'arrêter.

Soudain il sentit les larmes mouiller le col de son polo. Il n'avait pas eu conscience de se mettre à pleurer. Bien que le wagon fût vide, il se hâta de tourner le visage vers la vitre pour cacher ses pleurs. Les yeux rivés sur le causse, il décida de ne pas lutter : son instinct lui dictait de laisser faire. Ses joues ruisselaient au rythme de la mélodie qu'il continuait à jouer pour lui-même. Thibault avait cessé de vivre, victime d'un accident de scooter. La nouvelle avait atteint Bastien au plexus, il avait refusé d'y croire. Thibault était un type sûr de lui et plein d'avenir. Malgré lui Bastien imaginait un corps tordu et troué de ferraille. C'était malsain, il fallait repousser ces visions morbides. À la place, il tenta de retrouver l'image du sourire un peu vain de Thibault, quand les coins de la bouche n'étaient pas vraiment relevés et exprimaient davantage le dédain que l'amitié. L'amitié de Bastien, Thibault n'en avait eu cure. Il s'était très peu intéressé à lui. Ce n'était pas faute d'avoir essayé, pourtant.

Bastien se passa l'avant-bras sur les paupières, il avait eu un éblouissement passager. Ses larmes se raréfiaient, son accès de chagrin allait passer. Dans quelques heures il serait tout entier tourné vers la musique, vers la présence de ce maître qu'il admirait plus que quiconque. Il essaierait de travailler, de progresser, de laisser s'exprimer sa liberté d'interprétation, techniquement il se sentait à la hauteur. Que lui ferait-on jouer ? Bastien imaginait quelque chose de baroque, parce qu'il connaissait d'avance les goûts de Makowski, mais il ne voulait pas s'abandonner aux spéculations vaines. Le pire serait d'être déçu.

Combien de temps lui faudrait-il pour oublier Thibault ? Personne n'avait jamais rien soupçonné. Ils s'étaient rencontrés dès la seconde. Bastien venait d'arriver dans l'établissement, Thibault avait été l'un des premiers élèves croisés à l'entrée de la classe. Ils se connaissaient bien, au bout de trois ans, et pourtant ils n'avaient jamais été proches. À quel moment Bastien était-il tombé amoureux ? Il ne s'en souvenait pas, il ne parvenait pas à fixer une date précise, c'était énervant. Mais il se rappelait bien le premier hiver, quand un matin il avait prêté ses gants à Thibault en affirmant qu'il n'avait jamais froid : c'était faux, bien entendu, mais il était déjà follement épris. Si Thibault l'avait compris, il n'avait jamais fait le moindre commentaire. Thibault était hétérosexuel sans aucun doute possible, il avait du succès auprès des filles et il adorait ça, on n'y pouvait rien. Bastien, lui non plus, ne pouvait rien contre sa nature.

La suite de Bach prenait fin. Bastien se sentait mieux ; peut-être parce qu'il avait pleuré, peut-être parce que la musique l'avait provisoirement consolé. Il devait cesser de se torturer, ses crises de désespoir le laissaient anéanti. Valait-il mieux être mort ou emprisonné dans un corps comme le sien ? Bastien n'avait rien de beau, il en était conscient, mais cela non plus ne comptait pas vraiment. Il allait vieillir, se modifier petit à petit ; un jour peut-être son homosexualité serait-elle lisible par tous. Son corps le trahirait, mais cela ne lui paraissait pas trop grave. Le mensonge le tourmentait davantage : il n'avait rien dit de sa préférence sexuelle à quiconque. Même son frère n'en savait rien. Valait-il mieux la mort ou le mensonge ?

On avait passé Figeac, le terme du voyage approchait. Ce soir Bastien dormirait dans un camp de vacances tout entier dédié à la musique. Il serrerait la main de Makowski, et celle de onze jeunes gens, filles ou garçons, qui partageaient la même passion que lui. Il ouvrirait l'étui du violoncelle et frotterait l'archet de colophane. De sa main gauche il pincerait les cordes et ferait jaillir un vibrato aussi déchirant que la plainte d'une baleine.

Dehors le soleil commençait à baisser, le paysage se chargeait de teintes chaudes. Dans la vitre, Bastien vit passer, encore une fois, le visage de Thibault, son visage de vivant, avec cet énigmatique sourire qui le faisait, dans ce cadre improvisé, ressembler à la Joconde. Il reste Bach, pensa Bastien. Bach, Makowski et moi. Je suis peut-être gauche, imparfait et à demi détruit par un chagrin d'amour ridicule, mais je suis vivant. Je suis vivant, se répéta Bastien, tandis que dans sa tête naissait une nouvelle mélodie.

CLÉMENCE

(21 août)

– Je vous avertis, avait dit Sophie Garnier, Ada ne dit pas un mot.

– Rien du tout ? avait demandé Clémence en prenant l'air intéressé.

– Même pas « Maman ».

Puis, voyant ce qu'elle prenait pour une lueur d'inquiétude sur le visage de Clémence :

– Oh, elle finira bien par s'y mettre, vous savez. Ne vous en faites pas.

Clémence ne s'en faisait aucunement. Elle ne s'était même jamais interrogée sur l'âge auquel les enfants commencent à parler. Mais elle avait hoché la tête d'un air entendu.

Cette conversation datait de leur premier rendez-vous, deux mois plus tôt. Clémence sortait tout juste des épreuves écrites du baccalauréat. Elle avait vu l'annonce par hasard, à la rubrique « Annonces locales» du journal que son père avait laissé traîner sur la table du petit déjeuner. Pour elle, ça ressemblait fort à un coup de chance. On cherchait une jeune fille sérieuse pour s'occuper pendant une dizaine de jours d'une petite fille de dix-sept mois, à la fin de l'été. Clémence s'était demandé : dix-sept mois tout de suite, ou dix-sept mois au moment du travail en question ? Est-ce que ça faisait une différence ? Cette proposition, en tout cas, paraissait idéale ; c'était une bonne façon de reconstituer les fonds avant la rentrée. À partir de ce moment-là, gagner un peu d'argent deviendrait difficile : Clémence entrait en classe préparatoire aux concours des écoles de commerce, elle allait manquer de temps.

Elle avait téléphoné le jour même, Sophie Garnier lui avait fixé rendez-vous. Clémence avait soigné son apparence, elle avait eu raison : ça avait compté dans l'impression qu'elle avait produite. L'annonce précisait : « Expérience des enfants indispensable ». Clémence était fille unique, mais elle avait longuement décrit ses six cousins et cousines, tous plus jeunes qu'elle, et totalement fictifs. Elle avait toujours eu une certaine aisance à l'oral ; du bagout, auraient dit certains. Là encore, cela avait servi : Clémence avait beaucoup plu à Sophie, qui avait immédiatement décidé de l'embaucher. Elle avait vraiment besoin de quelqu'un pendant deux semaines, à cheval sur fin août et début septembre: non pour partir en vacances, mais parce qu'elle serait en stage de formation pendant cette période et que la crèche était fermée en été. À aucun moment il n'avait été question du père d'Ada: il devait exister quelque part, mais il ne pouvait pas s'occuper de sa fille toute la journée.

En arrivant à la date convenue, avec cinq minutes d'avance sur l'horaire, Clémence avait à peine reconnu la gamine. Peut-être parce qu'elle était toute dorée par le soleil des dernières semaines, peut-être parce qu'elle avait vraiment grandi. Elle marchait très bien à présent, beaucoup mieux qu'en juin, elle courait partout dans les jambes de sa mère. Sophie Garnier avait déjà tout expliqué dans les moindres détails, mais elle avait cru bon de recommencer, au risque de se mettre en retard pour son premier jour de stage. Elle devait être d'un naturel inquiet. Clémence, elle, avait commencé à s'inquiéter lorsqu'elle avait fermé la porte derrière Sophie. Elle ne s'était jamais occupée d'un bébé.

Depuis, il s'était écoulé six heures. Six heures interminables, pendant lesquelles Clémence avait cru devenir folle. Ada venait d'avoir dix-sept mois et se comportait tout à fait normalement pour une fille de cet âge, si l'on voulait bien oublier qu'elle ne disait toujours pas un mot. Enfin, si : elle discourait sans arrêt, elle chantonnait presque en permanence, mais dans un babil incompréhensible. Sa mère avait insisté là-dessus, pourtant : « Vous verrez, elle ne parle pas, mais elle comprend tout et se fait parfaitement comprendre, n'ayez aucune crainte. » Clémence, malgré ses efforts, ne comprenait rien : ni aux babillages de l'enfant, ni à ses brusques changements d'humeur. La petite fille passait en quelques secondes du ravissement le plus total (devant un jouet ou la couverture d'un de ses albums) à une fureur démente à laquelle Clémence n'attribuait aucune cause.

La journée avait été découpée en tranches par Sophie Garnier elle-même. Le matin : habiller la petite (les vêtements avaient été posés, encore pliés, sur le coin de la commode), la sortir en poussette jusqu'au marché pour lui faire prendre un peu l'air, lui faire boire son jus d'orange vers dix heures puis la laisser jouer sous étroite surveillance pendant la préparation du déjeuner ; lui servir son repas, la changer et la coucher pour une sieste de deux heures environ avant de l'emmener jouer au jardin public, sauf s'il se mettait à pleuvoir ; au retour, préparer le goûter (yaourt et compote) et jouer, encore, si possible avec les cubes qu'Ada adorait, avant de lui donner son bain, de l'habiller pour la nuit et de lui faire prendre son dîner. Si Sophie Garnier n'était pas rentrée à vingt heures, il faudrait coucher l'enfant, mais on n'en était pas là : la mère ferait tout son possible pour arriver à temps.

Une liste de tâches un peu longue, mais le travail n'avait rien de bien sorcier, avait pensé Clémence. Sophie Garnier avait le sens de l'organisation ; elle avait laissé dans tout l'appartement des petits mots rédigés sur des Post-it. Des phrases incitant à la prudence, surtout. Par exemple, elle avait collé un peu partout sur les murs de la cuisine des recommandations comme « Merci de ne pas laisser Ada s'approcher du four, même éteint » ou « Tiroir à couverts à maintenir toujours fermé avec la sécurité » ; ou encore, dans la salle de bains : « Ne JAMAIS laisser Ada seule sur la table à langer ». Clémence les avait découverts au fur et à mesure, et les avait lus d'abord avec un certain amusement, puis elle s'en était agacée. S'occuper d'une môme de dix-sept mois relevait du bon sens plus que de l'expérience, avait-elle raisonné.

Cette hypothèse de départ n'avait été que partiellement vérifiée. Clémence surveillait de près tous les gestes d'Ada : pas question de la laisser toucher à la télécommande de la télévision, encore moins aux prises électriques. Ça, précisément, relevait du bon sens. Mais Clémence n'avait pas prévu les cris inexplicables, les coups de pied rageurs, le bruit surtout. Incessant, tenace, oscillant entre la mélopée indistincte de mots inconnus et la chute répétée d'objets lancés dans toutes les directions. Et encore, quand tout allait bien. Ada passait sans logique apparente de la crise de larmes aux éclats de rire. Est-ce qu'ils sont tous comme ça, à cet âge ? Clémence n'en avait pas la moindre idée.

Cette première journée ne se passait pas exactement comme Clémence l'aurait souhaité. Dès la première heure, elle avait dû renoncer à appliquer le bel emploi du temps laissé par Sophie. Elle avait perdu vingt-cinq minutes pour habiller la petite, qui se carapatait en éclatant de rire chaque fois qu'on approchait avec le T-shirt. Du coup, il était déjà tard lorsqu'elles avaient pris le chemin du marché, et Ada avait eu droit à son jus d'orange juste avant l'heure du déjeuner. Résultat, elle avait quasiment refusé de manger. Elle avait joué longtemps avec la cuiller sans rien avaler en dépit des encouragements patients de Clémence ; et puis, subitement, elle avait poussé un cri de triomphe et avait enfourné une énorme bouchée de purée qu'elle avait immédiatement recrachée, pulvérisant la nourriture tout autour d'elle sur ses vêtements, sur le carrelage, sur la tablette de sa chaise haute et même sur le mur derrière elle. Devant les dégâts, Clémence avait bien failli s'énerver. Elle avait un peu grondé l'enfant, mais sans trop la houspiller : elle ne voulait surtout pas déclencher une nouvelle série de cris stridents.

– Ne recommence pas ! avait-elle dit d'un ton définitif, et Ada avait levé sur elle son beau regard candide.

– Pa, avait dit Ada.

Clémence avait nettoyé en maugréant, et avait fini par déshabiller l'enfant, qui était couverte de purée des pieds à la tête. Il faudrait de nouveau se battre avec elle pour lui passer des vêtements propres, après la sieste.

Heureusement, il y avait eu ce répit de quatre-vingts minutes. Seulement une heure dix, au lieu des deux heures annoncées par Sophie, mais il avait bien fallu s'en contenter. Clémence avait donné un coup de ménage dans la cuisine : elle voulait faire durer un peu ce boulot, c'était important de se faire bien voir. Puis elle s'était à demi assoupie dans le canapé du salon. Elle ressentait une immense fatigue, comme si elle s'était éveillée avant l'aube.

À son réveil, Ada gazouilla dans son lit pendant quelques minutes avant de perdre patience : elle émit alors un long hurlement qui fit presque tomber Clémence de son siège.

– Voilà, voilà ! cria-t-elle en se précipitant.

La, fit Ada.

– Tu vois bien que tu peux parler, lui répondit la jeune fille avec un rien de condescendance.

Elle changea la petite une nouvelle fois en se demandant si toutes ces couches à jeter étaient bonnes pour la planète, mais n'eut pas le loisir d'y réfléchir bien longtemps : Ada s'était plantée devant la porte d'entrée, prête pour la séance de square. Clémence réussit à lui enfiler un cardigan miniature sans trop de difficulté et se battit plusieurs minutes avec les chaussures. Puis elle cala Ada dans la poussette et décida de profiter de l'occasion pour descendre la poubelle : inutile d'offrir à Sophie Garnier le moyen d'évaluer le gâchis de purée.

Dans la rue, Ada continuait à faire des commentaires dans son langage personnel. Clémence compta : encore cinq heures, au moins. Est-ce que toutes les journées allaient ressembler à celle-ci ? Elle eut le vague espoir de rencontrer des mères au jardin public ; c'était le genre d'endroit où on avait des chances d'en croiser. Aussitôt, elle se fit des reproches : elle n'allait tout de même pas discuter couches et biberons avec des inconnues, si ?

Une fois dans le square, elle détacha la petite et la fit descendre de sa poussette. Dans l'allée, au moins, il n'y aurait pas de danger. Ada se mit aussitôt à courir de guingois en se précipitant vers l'écriteau « Pelouse interdite », et Clémence dut batailler pour la remettre dans le droit chemin. Malgré tout, elle se sentait plutôt fière d'elle, de sa patience et de sa prévoyance (elle avait songé à mettre de l'eau dans un biberon avant de partir pour la promenade).

– Ici, c'est interdit ! expliqua-t-elle.

– Di, fit Ada.

Faute d'une meilleure idée, Clémence installa l'enfant dans le bac à sable. Aussitôt la petite poussa des cris de joie totalement disproportionnés.

– Tu aimes ça, alors ? demanda Clémence.

– Lo, fit Ada.

Soulagée, Clémence alla s'asseoir sur un banc à deux pas de là, avec la ferme intention de ne pas bouger durant trente minutes, au moins. Ada lui adressa un sourire ravageur et plongea sa pelle dans le sable.

– Bravo, dit Clémence.

– Vo, fit Ada.

Sur ce, elle prit une énorme poignée de sable dans sa petite main et fourra l'ensemble dans sa bouche.

– Arrête ! hurla Clémence.

Ada aurait aimé dire « Rette », ou même « Lette », mais elle suffoquait un peu.

Clémence se leva de son banc en jurant.

– Et merde ! cria-t-elle trop fort.

– Merde, fit Ada.

ADAM

(29 août)

Adam repoussa le levier de vitesse au point mort, tira sur le frein à main et coupa le contact.

– Cool, dit-il.

Le parking était désert.

– Cool, vraiment, répéta-t-il en poussant un petit soupir de satisfaction. Il parut réfléchir un instant, puis ajouta :

– Merci, frérot.

Thomas, son aîné de quatre ans, aimait bien être appelé « frérot ».

Adam tendit la main pour lui rendre la clé de la voiture. Techniquement, il n'avait pas le droit de conduire le véhicule de location : il ne possédait son permis que depuis trois mois, et Thomas n'avait pas voulu régler le supplément jeune conducteur réclamé par l'agence. Mais il avait pris le risque : il avait passé le volant à son cadet dès qu'ils s'étaient trouvés éloignés du centre-ville, à la sortie du pont. Rien n'aurait pu davantage faire plaisir à Adam, qui s'était parfaitement tiré des virages en épingle à cheveux qui permettaient d'accéder au sommet de la colline.

– J'avais promis, dit sobrement Thomas.

Ils sortirent en faisant claquer leurs portières. Un vent violent s'était levé. Ils avaient eu très chaud, tout l'après-midi, au bord du fleuve, mais sur la hauteur ça soufflait fort.

Ils firent quelques pas pour se rapprocher du parapet et observèrent en silence la ville étalée à leurs pieds, de l'autre côté du pont qui enjambait le fleuve.

– C'est beau, non ? J'ai pensé que ça te plairait.

Il fit un geste vague en direction du monument derrière eux et ajouta :

– On peut monter, si tu veux.

Adam leva la tête vers l'immense statue qui, très loin au-dessus d'eux, étendait ses bras en croix pour protéger la cité et son port. Oui, ils monteraient, mais plus tard. La vue, depuis l'esplanade circulaire où ils se trouvaient, était à couper le souffle. Appuyé à la balustrade, Adam essaya de se repérer. Sur la droite, il devinait le Bairro Alto, la silhouette du château San Jorge et même, enveloppées de brume estivale, les pentes de l'Alfama. Il était près de vingt heures ; sur leur gauche le soleil avait commencé sa descente vers la mer. Tout le paysage – les rives du Tage, le pont du 25 avril et plus loin la tour de Belém – se trouvait noyé dans une lumière dorée.

Thomas avait tenu parole. Cette virée à Lisbonne était un cadeau d'anniversaire offert avec quelques mois de retard. Thomas connaissait déjà la ville, il y avait même passé huit semaines l'année précédente, le temps d'un stage. Bientôt, il terminerait son école de commerce et partirait vers de nouveaux horizons. Mais il avait promis trois jours à Lisbonne à son frère, et il avait tenu parole. Adam n'en revenait pas. Non que son aîné ait eu l'habitude de mentir ; mais Adam avait cru, sur l'instant, à une promesse sans consistance, une parole en l'air qui serait vite oubliée. Il s'était trompé. Et maintenant il se tenait sur cette esplanade battue par les vents qui servait de socle à la statue colossale du Cristo Rei, sur la rive gauche de l'estuaire du Tage, et il contemplait la capitale portugaise saupoudrée de particules d'or. Ce n'est pas sans raison qu'on appelle cet endroit la mer de Paille, se dit Adam.

– Alors ? Ça te plaît ?

Adam chercha un mot qu'il ne trouva pas. Dans son vocabulaire, rien ne permettait de décrire l'immense bien-être qu'il avait éprouvé en découvrant Lisbonne. Leur séjour touchait à sa fin : dans quelques heures ils reprendraient l'avion, dans quelques jours ce serait la rentrée. L'escapade à Lisbonne serait rangée dans la case des souvenirs, un excellent souvenir. Adam avait tout aimé de cette ville : les ruelles étroites et les escaliers raides, les tramways vétustes et les pavés noirs des trottoirs, les façades blanches et les céramiques bleues des maisons de l'Alfama. Il se demanda s'il pourrait, dans l'avenir, se remémorer l'intensité du plaisir ressenti, ou même cette brusque sensation de liberté qui l'avait saisi tout à l'heure lorsqu'il avait garé la voiture. Adam avait reçu la beauté lisboète comme un choc frontal. La ville l'avait agrippé dès son arrivée et ne le lâchait pas. C'était pour lui un sentiment totalement nouveau, qu'il ne parvenait pas à qualifier.

– Je crois, commença-t-il d'un ton hésitant, je crois n'avoir jamais rien vu d'aussi beau.

Des dizaines de mètres plus bas, la mer de Paille continuait à s'embraser.

– Il t'est déjà arrivé de te dire : « J'aimerais que ça ne finisse jamais » ? continua Adam.

– Tout le temps, répliqua son frère d'un ton légèrement moqueur. Mais surtout quand je suis avec Lucie.

– Je suis sérieux... Quelque chose comme : « Ma vie commence ici, c'est ici que j'ai ma place » ?

– On en reparle dans un an, hein, quand je chercherai mon premier boulot...

Adam se tut. Il était inutile de chercher à discuter avec Thomas quand il était d'humeur à plaisanter. D'ailleurs, les mots lui manquaient pour se faire comprendre, il en était démuni. Il sentait, sur ses joues, les gouttelettes salées qu'apportait le vent venu de la mer. Ici, le fleuve dégage un parfum d'iode, pensa-t-il, mais il ne dit rien.

Sur sa gauche, le Tage pourpre scintillait à contre-jour.

– Je n'ai jamais rien vu d'aussi beau, répéta Adam.

C'était sans doute vrai, et sans doute aussi très exagéré.

– On monte ?

Mais Adam ne voulait plus monter. Il secoua la tête. Il ne voulait plus bouger, ni aller nulle part, ni même songer à ce qui l'attendait ; tout à l'heure il passerait sa dernière soirée à Lisbonne dans un bar branché des quais, demain très tôt il reprendrait l'avion. Il avait passé d'excellentes vacances, dans huit jours il serait à l'université, sa vie était tracée en ligne droite devant lui. Il n'y avait aucun obstacle sur sa route, seulement le soleil éblouissant de cette soirée de fin d'été qui lui brouillait la vue, le contraignant à plisser les paupières, et cette beauté indicible de l'estuaire noyé de lumière jaune.

Thomas s'agitait, sautillant d'un pied sur l'autre, il devait s'impatienter.

– À quoi tu penses ?

– À Christophe Colomb.

Thomas jeta un regard étonné à son frère et haussa les épaules.

– Colomb s'est embarqué en Espagne, pas ici.

– C'est vrai... Mais il a vécu à Lisbonne avant ça. Chez son frère, qui était cartographe.

– Comment tu le sais ?

– J'ai vu le film.

– Et alors ?

– Alors rien. Je pense à Colomb.

Adam se déplaça un peu pour élargir son champ de vision. Tout au bout, au-delà du fleuve, commençait l'Atlantique. Colomb s'était-il tenu sur ces rives ? Avait-il ici observé les vagues, les marées, les étoiles ? Avait-il rêvé, des mois, des années durant, que ces flots le porteraient à l'autre extrémité de la terre ? Le découvreur de l'Amérique avait-il pris le temps de rêver ? Ou bien avait-il seulement élaboré des stratégies et multiplié les calculs pour obtenir les fonds nécessaires à l'achat de ses caravelles ? À quel moment avait-il succombé à l'attrait du vaste monde ?

– Toujours avec Christophe ? se moqua Thomas.

– Essaie de te le représenter : il est peut-être monté

sur cette colline... Il a laissé son regard flotter sur l'horizon... Regarde-le : il fait froid, c'est l'hiver, il frissonne dans son pourpoint...

– Parce qu'il est en pourpoint ?

– Fais un effort. Il tourne les yeux vers l'ouest, toujours l'ouest, au-delà de l'océan, et il rêve d'un navire qui le porterait jusqu'en Inde...

Adam se troubla.

– Bon, d'accord, reprit Thomas. Colomb est monté jusqu'ici, sauf qu'il n'a pas vu le Christ Roi parce qu'à l'époque il n'y était pas. Alors il a jeté un coup d'œil en bas et il s'est dit : « Formidable, je vais prendre la mer. » C'est tout ?

Adam secoua la tête. Il s'y prenait mal. Les mots se dérobaient devant l'ironie de son frère. On n'explique pas la présence secrète d'un navigateur du XVe siècle à un étudiant en dernière année d'école de commerce.

– J'ai... l'impression de lui ressembler.

– Adam, ce soir, tu ne bois rien.

– Ne te fiche pas de moi.

– Du tout, je t'écoute. Pas longtemps, sinon il fera nuit. Donc : tu sens Christophe Colomb proche de toi. Tu as de la fièvre ?

Autour d'eux, les rafales venues du large balayaient la poussière de l'été. Sur la terrasse qui soutenait la statue du Christ, les oriflammes battaient dans le vent. Les ombres au sol s'étaient allongées. Adam pensa aux bras étendus du Christ derrière lui. Une statue identique à celle-ci, il le savait, dominait la baie de Rio. Il se dit que le mieux serait d'aller là-bas, pour voir. Pas pour le Christ, qui le laissait indifférent. Pour l'océan qu'il lui faudrait traverser.

Il inspira très fort, et l'air chargé de sel lui piqua le nez.

– Thomas, je... je crois... Je ne rentre pas.

Voilà, les mots avaient trouvé leur chemin vers la sortie. Finalement c'était simple.

Aussitôt il se sentit léger. Peu lui importait la réaction de son frère. Il ne fournirait aucune explication, il n'avancerait aucun argument pour convaincre. Sage ou non, sa décision était prise.

– Donc, dit Thomas, donc tu as de la fièvre.

– Je ne rentre pas, frérot. J'ai beaucoup à faire encore. Tu le diras à Maman.

– Ah, non, je ne me charge pas des corvées. Tu n'as qu'à l'appeler : elle sera ravie d'apprendre que son second fils est devenu fou et se prend pour Christophe Colomb.

Instinctivement, Adam se rapprocha de son frère jusqu'à le toucher. C'était, il en avait conscience, une forme d'adieu. Rien ne le ferait fléchir, il ne renoncerait pas. Sa décision pouvait, aux yeux des autres, paraître subite, mais lui savait qu'elle était prise depuis longtemps, des années peut-être, et qu'il avait joué à cache-cache avec lui-même pour tenter de l'ignorer. Sur cette colline face à Lisbonne, il avait atteint un point de non-retour : peut-être l'incertitude de ce qui l'attendait était-elle juste moins angoissante que sa carrière toute tracée de futur pharmacien.

Il allait quitter l'Europe. Pendant quelques mois, au moins. Rien ne l'empêchait de commencer ses études un an plus tard, n'était-ce pas d'ailleurs l'usage dans les pays anglo-saxons ? Il se mettait en attente. Au retour, il trouverait bien un moyen. Et s'il n'en existait pas, eh bien, on verrait.

Sur le visage de Thomas se lisaient l'incompréhension et, sans doute, une certaine forme de frayeur.

– Tu commences la fac la semaine prochaine.

– Non.

Adam s'émerveillait de tant de simplicité. Trois lettres pour un si petit mot, « non », et toute une vie qui bascule. Il lui parut inutile d'en dire davantage. Il y avait tant à voir dans le vaste monde, et si peu de temps, oui si peu.

– Mais... Et l'argent ? fit Thomas.

Adam haussa les épaules.

– Je trouverai, déclara-t-il.

Tout était si limpide, au point d'en être déconcertant. À ce moment, le soleil plongea dans la mer de Paille.

– Tu te souviens ? reprit Adam. Grand-père disait toujours : « La vie se décide toute seule, *surtout au début.* »

Adam s'interrompit, juste le temps de voir le soleil englouti par la mer.

– Le début, c'est maintenant.

Il ajouta : « Ici débute ma vie », puis il se mit à rire.

EMMA

(31 août)

Emma vit qu'on avait hissé le drapeau rouge et que la plage était déserte.

Elle marcha jusqu'au bord, là où le sable se mêlait aux cailloux roulés par les vagues, avança dans l'eau jusqu'aux chevilles et faillit basculer presque tout de suite, tant la mer était démontée. L'océan comme la grève avaient été désertés, la tempête qui s'était levée en fin de matinée avait mis en fuite les derniers surfeurs, et maintenant Emma voyait se succéder des rouleaux énormes qui s'écrasaient avec violence autour d'elle. Le fracas était assourdissant, et dans le ciel chargé de nuages noirs on entendait de temps à autre un roulement de tonnerre, preuve que le mauvais temps risquait de durer jusqu'en fin de journée.

Emma alors décida de se baigner.

Emma avait toujours été sportive, sa grande taille

avait fait d'elle très tôt une excellente sprinteuse, mais c'étaient surtout les sports aquatiques qui avaient sa préférence ; la natation, bien sûr, mais aussi le plongeon, et même le water-polo, qu'elle avait pratiqué jusque vers l'âge de quatorze ans dans une équipe de garçons sans que personne ne trouve rien à redire à cela. Ensuite, on l'avait mise dehors, si l'on peut dire, mais elle n'en avait conçu aucune acrimonie, juste un regret discret de ne plus se mesurer dans le bassin à des adversaires dignes d'elle ; elle avait abandonné peu après, le jeu ne l'amusait plus.

Et là, en cette journée de tempête et de mer démontée, elle retrouvait brusquement la tentation de l'effort et du défi face à un adversaire colossal, et l'idée d'affronter des éléments déchaînés l'emplissait d'euphorie. Elle n'hésita pas longtemps ; d'ailleurs, personne ne se trouvait sur la plage pour l'empêcher de commettre cette folie, aucun maître-nageur à l'horizon, pas de sauveteur, personne n'imaginait même qu'on pût avoir envie d'entrer dans le vortex de cette masse d'eau grisâtre, obscurcie par les gros nuages, qui roulait et tanguait en faisant entendre son effrayant tumulte.

Emma réussit à avancer un pied, puis l'autre, et un rouleau plus brutal que les autres la jeta presque aussitôt au sol. Instinctivement elle bloqua sa respiration, garda la tête sous la vague et réussit, parce qu'elle était jeune et pleine d'énergie, à faire quelques mètres sous l'eau en direction du large. Si je parviens à passer la première ligne de rouleaux, réfléchit-elle, je suis certaine de pouvoir continuer. Et en même temps qu'elle formulait cette pensée, elle s'étonnait de sa propre résolution, comme si déjà la décision était prise de nager le plus loin possible, de s'éloigner du rivage en traçant une ligne toute droite, qui la mènerait, mais où ? Jusqu'où serait-elle capable de nager sans sombrer ? Et elle se sentait grisée par sa propre audace.

Elle ne chercha pas à se remettre debout mais plongea vers le fond et enchaîna quelques grands mouvements de brasse. Au-dessus de sa tête tout chavirait, mais en se maintenant presque collée au sable elle parvint à progresser ; du moins en eut-elle l'impression. C'était épuisant, mais Emma était forte et obstinée, et lorsque l'air lui manqua, lorsqu'il s'avéra qu'il fallait envisager de remonter sans tarder, elle le fit sans appréhension particulière, persuadée d'avoir franchi la première ligne et de se trouver au-delà de la zone de grand danger. Et lorsqu'enfin elle mit la tête hors de l'eau et se risqua à ouvrir les yeux, elle constata, avec une infinie satisfaction, que sa manœuvre avait parfaitement réussi et qu'elle avait largement dépassé le cordon des énormes rouleaux qui auraient dû lui barrer le passage.

Autour d'elle, la mer moutonnait en innombrables crêtes blanches, et les premières gouttes d'orage venaient en frapper la surface, donnant à l'eau l'apparence d'une nappe de mercure où s'enfonçaient quelques milliers de gros clous. Ce spectacle parut à Emma d'une beauté saisissante, et elle redoubla d'énergie, fendant l'eau à présent avec des mouvements de bras puissants et efficaces, refusant de tourner la tête pour évaluer la distance qui la séparait du bord. Malgré la folie de son entreprise, Emma ne ressentait aucune crainte ; et tandis qu'elle mettait à la torture ses muscles vigoureux, elle était pénétrée d'une totale confiance en elle-même, une sorte d'absolue certitude qui lui apparaissait avec une clarté stupéfiante.

Elle nagea ainsi plusieurs minutes, un temps en tous les cas qui lui parut assez long, et même la pluie glacée qui maintenant s'abattait sur elle ne pouvait l'arrêter, car rien, se disait-elle, rien ne peut faire plier ma détermination, voilà ce que je suis, pour toujours, Emma la coriace, Emma la sportive, une fille dont le père se dit fier mais dont la mère, dévorée d'inquiétude, se ronge les sangs, une forte tête de fille qu'on n'a jamais pu vraiment contraindre ; un sale caractère, cette Emma, on ne peut rien en faire ; farouche, téméraire, intraitable, indomptable : elle avait eu droit à toutes sortes d'adjectifs, et à présent elle nageait, elle se propulsait de toutes ses forces dans l'océan démantibulé qui cherchait à se refermer sur elle comme la mâchoire d'un géant, mais rien, jamais, ne pourrait obliger ce corps à céder, bien qu'il fût crispé de douleur et tout cabossé par les creux et les crêtes de la mer déchaînée, rien ne pourrait briser la volonté d'Emma, cette grande tige pleine de sève qui, la tête en feu, les bras en charpie et le cœur léger, traçait sa voie vers l'horizon sans fin.

Épilogue

TOUS, MOINS UN

(17 septembre)

Leila essayait de se concentrer sur la musique. De l'orgue, sûrement, mais elle ne reconnaissait pas l'œuvre : en réalité, elle ne savait pas grand-chose de la musique sacrée et n'avait aucune habitude des églises. Elle avait bien visité quelques cathédrales, en touriste, mais c'était la première fois qu'elle assistait à un office chrétien, et elle ne savait pas trop comment se comporter. Prudemment, elle avait jusqu'à cette minute calqué ses mouvements sur ceux de Juliette, qui avait pris place à sa droite. D'ici, on voyait à peine le prêtre qui lisait quelque chose. Leila n'écoutait pas, elle souhaitait seulement rester discrète.

Sur sa gauche, Bastien pleurait sans retenue. D'un chagrin sincère, certainement, se dit Leila. Elle n'osait pas tourner son regard vers lui, mais elle lui avait tendu un de ses mouchoirs en papier. Il l'avait pris sans dire merci.

Beaucoup plus loin, dans les premières rangées, se tenait la famille. La mère de Thibault avait organisé cette cérémonie, elle avait envoyé les faire-part par l'intermédiaire de Benjamin qu'elle connaissait vaguement. Thibault était mort et enterré depuis longtemps, bien entendu, mais aucun de ses amis de classe n'avait assisté aux obsèques : c'étaient les vacances, tous étaient absents, ou bien dans l'urgence du premier choc on avait oublié de les prévenir. La mère avait peut-être voulu réparer cette injustice, à moins qu'elle n'ait considéré cette célébration religieuse comme une formalité de politesse. De toute façon, on n'en saurait rien.

Ils étaient tous venus. Enfin, non : pas Adam, qui à l'heure qu'il était voguait quelque part sur l'Atlantique à bord d'un bateau de marchandises. Mais il avait donné de ses nouvelles. Il s'était fait embaucher comme plongeur en cuisine et espérait atteindre le Brésil à la fin du mois. Il avait même envoyé un petit mot à chacun : il serait de tout cœur avec eux pour cet hommage rendu à l'un de leurs camarades, bla-bla, bla-bla. Il paraît que ça se faisait, dans les bons milieux.

Leila tripotait sa joue droite distraitement. Elle avait gardé la trace des ongles de Jenny, mais personne ne lui avait posé la moindre question. Conserverait-elle cette cicatrice toute sa vie ? Sa mère avait poussé des lamentations en voyant ça : elle devait juger que sa fille était défigurée. Ce n'était pas si grave. Et puis je suis vivante, moi, se dit Leila.

Jérémy s'agita sur sa chaise. Il n'avait jamais aimé Thibault. Heureusement, il ne s'en était jamais vanté. Il tenait la tête baissée, lui aussi, comme s'il était recueilli, mais il n'entendait pas un mot de l'homélie. Il ne connaissait rien aux rites religieux et s'ennuyait prodigieusement. Bien sûr, c'était triste de mourir à dix-huit ans. Triste, et surtout stupide : il avait entendu dire que Thibault avait bu, ce soir-là. Les Écossais étaient plus astucieux : ils buvaient comme des trous, c'est vrai, mais ils ne prenaient pas le volant, ou le guidon, juste après. Thibault avait tout gâché avec un peu d'alcool, c'était lamentable. Jérémy se sentait à mille lieues de cette histoire répugnante. Lui attendait Ailsa, elle arriverait le lendemain. Cette fin de séjour à Édimbourg l'avait laissé extasié. Son ravissement devait faire plaisir à voir : même son père avait paru radouci en le retrouvant si content. On avait immédiatement invité Ailsa en retour : simple question de bienséance. Jérémy n'en revenait pas.

– Prions à présent pour Thibault, notre frère..., continuait le prêtre d'une voix monocorde.

Au premier rang, les épaules du père de Thibault s'affaissaient, secouées par les sanglots. Tristan voyait distinctement son profil. Cet homme est détruit, ça crève les yeux, pensa Tristan. Rien d'étonnant à cela, il venait de perdre son fils unique. Est-ce que cela fait une différence ? se demanda soudain le jeune homme. Est-ce que c'est pire pour ceux qui n'ont qu'un seul enfant ? Si Angèle disparaît, est-ce que mon existence consolera ma mère ? Il tendit le cou pour observer mieux le père de Thibault. Le père du défunt, dirait-on dans un livre : son visage était comme mangé par le chagrin. Ses traits s'étaient estompés, il ne restait que la souffrance. Tristan pensa de nouveau à sa mère, à son regard vide : c'est très différent, se dit-il encore. Ma mère reste vivante, malgré tout ; cet homme-là, je n'en suis pas certain.

Le prêtre avait commencé à débiter une longue litanie de noms, des morts qu'il fallait rappeler au souvenir des vivants. Souvenons-nous, souvenons-nous, répétait-il, mais Tristan n'écoutait plus. Avant de se souvenir, ne faut-il pas agir ? Si Angèle disparaît, je ne pourrai plus jamais regarder le monde en face. Il renifla dans sa main : lui aussi s'était mis à pleurer, c'était contagieux. Je dois parler à Maman. Nous ferons hospitaliser Angèle. Ma décision est prise, je lui parle ce soir.

Pour un peu, Tristan aurait couru directement chez lui.

Je déteste cette musique molle et sans éclat, songeait Bastien. Quand je pense aux motets de Bach ! J'aurais pu jouer, si on me l'avait demandé. J'aurais aimé choisir un morceau pour cette messe. Une œuvre pour violoncelle, une pièce de musique baroque, ni trop lente ni trop déchirante, quelque chose qui aurait rappelé l'énergie de Thibault, et même son côté méprisant. Tout aurait mieux convenu que cette mélodie insipide et jouée en dépit du bon sens. Seulement voilà : personne ne se souvient que je joue, et même que je joue bien, si j'en crois Makowski. Personne ne m'a rien demandé.

Il ressemblait à sa mère, se disait Juliette en observant le premier rang. Même nez un peu fort et même moue. C'est une belle femme, très droite, très digne. Malgré tout, elle n'a pas l'air tellement triste. Enfin, si, je suis injuste : elle est triste, mais pas... dévastée. Moi, j'ai failli flancher au moment de tuer mon enfant, et ce n'était qu'un germe d'enfant encore, quelque chose de très léger, presque sans poids. Je ne regrette pas, mais j'y pense encore. Et elle ? Combien de temps y pensera-t-elle ?

Quelque chose avait changé chez Juliette : c'est le constat que faisait Benjamin en tournant discrètement son regard vers son ex-petite amie. Je ne sais pas quoi, elle m'a à peine dit bonjour. J'étais pourtant bien content, en juillet, quand j'ai reçu son e-mail. Content, mais un peu vexé quand même : je ne l'aurais pas crue capable de prendre l'initiative de la rupture. C'était mieux comme ça, je n'ai pas eu à m'expliquer. Elle n'a jamais entendu parler de Violette, c'est préférable. Violette ! Quelle bêtise ! C'était peut-être l'euphorie du 14 juillet, je ne sais pas, en tout cas c'était pas bien malin. J'aurais dû voir tout de suite quel genre d'emmerdeuse c'était. Heureusement, l'exigence des études de médecine m'en a débarrassé. Est-ce que je regretterai Juliette ? On verra. C'est trop tard, maintenant. Elle n'a plus rien à me dire, c'est clair. Tant pis. Je me trouverai une élève infirmière.

La messe de souvenir s'achevait, le prêtre était en train de bénir l'assemblée. Faudrait-il dire quelques mots aux parents, sur le parvis ? Ou bien allait-on se disperser sans un mot ? Emma se tourna vers Clémence, qui paraissait soulagée. La cérémonie prenait fin : tous pleuraient comme des Madeleine, c'était parfaitement ridicule. Ridicule, mais humain. Emma rangea son mouchoir dans sa poche et se leva pour sortir en évitant l'allée centrale. Elle n'avait pas trop envie de côtoyer la famille de Thibault.

Dehors, le soleil s'était décidé à se montrer. Sur la place de l'église, les arbres avaient déjà viré au jaune, l'automne était arrivé de bonne heure. Emma s'écarta de Clémence pour se tenir quelques instants dans une flaque de soleil : il faisait bon, le vent avait miraculeusement chassé tous les nuages pendant la messe. Quelque part, une moto passa en faisant ronfler son moteur. Dans son dos, Emma entendait les mots feutrés qui se murmuraient. On aurait dit qu'on avait baissé le son des voix.

Emma respira l'air frais et leva les yeux. Sur le bleu du ciel, les feuilles jaunies paraissaient éclatantes de vie.

Dans quelques semaines, il n'y aurait rien d'autre que des branches dénudées, mais Emma s'en fichait. Une fille comme elle ne craignait vraiment rien.

Scripto

Laissez-vous surprendre et emporter par vos émotions...

scripto

Glaise
David Almond

Le Jeu de la mort
David Almond

Le Cracheur de feu
David Almond

Imprégnation
David Almond

Douze heures avant
Gabriella Ambrosio

Feuille de verre
Kebir M. Ammi

Interface
M. T. Anderson

Becket ou l'Honneur de Dieu
Jean Anouilh

L'Alouette
Jean Anouilh

Thomas More ou l'Homme libre
Jean Anouilh

Ne fais pas de bruit
Kate Banks

Amis de cœur
Kate Banks

Le Muet du roi Salomon
Pierre-Marie Beaude

La Maison des lointains
Pierre-Marie Beaude

Leïla, les jours
Pierre-Marie Beaude

Quand on est mort c'est pour toute la vie
Azouz Begag

Garçon ou fille
Terence Blacker

Zappe tes parents
Terence Blacker

Fil de fer, la vie
Jean-Noël Blanc

Tête de moi
Jean-Noël Blanc

La Couleur de la rage
Jean-Noël Blanc

Chante, Luna
Paule du Bouchet

scripto

À la vie, à la mort
Paule du Bouchet

Mon amie, Sophie Scholl
Paule du Bouchet

L'Algérie ou la Mort des autres
Virginie Buisson

24 filles en 7 jours
Alex Bradley

Spirit Lake
Sylvie Brien

Junk
Melvin Burgess

Lady
Melvin Burgess

Le Visage de Sara
Melvin Burgess

Kill All Enemies
Melvin Burgess

Le Rêve de Sam
Florence Cadier

Les Gitans partent toujours de nuit
Daniella Carmi

Mauvaise graine
Orianne Charpentier

Lettre à mon ravisseur
Lucy Christopher

Max
Sarah Cohen-Scali

Bonnes vacances
Collectif

La Première Fois
Collectif

De l'eau de-ci de-là
Collectif

Va y avoir du sport!
Collectif

La Mémoire trouée
Élisabeth Combres

Coup de chance et autres nouvelles
Roald Dahl

Ce voyage
Philippe Delerm

Cher inconnu
Berlie Doherty

La Parole de Fergus
Siobhan Dowd

Sans un cri
Siobhan Dowd

Où vas-tu, Sunshine ?
Siobhan Dowd

On ne meurt pas, on est tué
Patrice Favaro

Que cent fleurs s'épanouissent
Jicai Feng

Le Feu de Shiva
Suzanne Fisher Staples

Afghanes
Suzanne Fisher Staples

La Fille de Shabanu
Suzanne Fisher Staples

Ce que tu m'as dit de dire
Marcello Fois

Jours de collège
Bernard Friot

Voyage à trois
Deborah Gambetta

Où est passée Lola Frizmuth ?
Aurélie Gerlach

Qui es-tu, Alaska ?
John Green

La Face cachée de Margo
John Green

Will et Will
John Green
et David Levithan

L'été où je suis né
Florence Hinckel

Incantation
Alice Hoffman

La Prédiction
Alice Hoffman

Boulevard du Fleuve
Yves Hughes

Polar Bear
Yves Hughes

Septembre en mire
Yves Hughes

Vieilles neiges
Yves Hughes

Mamie mémoire
Hervé Jaouen

Une Fille à la mer
Maureen Johnson

Suite Scarlett
Maureen Johnson

Au secours, Scarlett!
Maureen Johnson

La Bête
Ally Kennen

Déchaîné
Ally Kennen

Des pas dans la neige
Erik Lhomme

15 ans, welcome to England!
Sue Limb

15 ans, charmante mais cinglée
Sue Limb

16 ans ou presque, torture absolue
Sue Limb

S.O.S chocolat!
Sue Limb

Un papillon dans la peau
Virginie Lou

Enfer et Flanagan
Andreu Martin
et Jaume Ribera

13 ans, 10 000 roupies
Patricia McCormick

Sobibor
Jean Molla

Felicidad
Jean Molla

Silhouette
Jean-Claude Mourlevat

Le ciel est partout
Jandy Nelson

La Vie blues
Han Nollan

Un Été algérien
Jean-Paul Nozière

Bye-bye, Betty
Jean-Paul Nozière

Maboul à zéro
Jean-Paul Nozière

Là où dort le chien
Jean-Paul Nozière

Le Ville de Marseille
Jean-Paul Nozière

Mortelle mémoire
Jean-Paul Nozière

Zarbie les yeux verts
Joyce Carol Oates

Sexy
Joyce Carol Oates

scripto

scripto

Les Confidences de Calypso
Romance royale - 1
Trahison royale - 2
Duel princier - 3
Mariage princier - 4
Tyne O'Connell

On s'est juste embrassés
Isabelle Pandazopoulos

La Décision
Isabelle Pandazopoulos

Sur les trois heures après dîner
Michel Quint

Arthur, l'autre légende
Philip Reeve

Mon nez, mon chat, l'amour et... moi
Le Journal intime de Georgia Nicolson - 1
Louise Rennison

Le bonheur est au bout de l'élastique
Le Journal intime de Georgia Nicolson - 2
Louise Rennison

Entre mes nunga-nungas mon cœur balance
Le Journal intime de Georgia Nicolson - 3
Louise Rennison

À plus, Choupi-Trognon
Le Journal intime de Georgia Nicolson - 4
Louise Rennison

Syndrome allumage taille cosmos
Le Journal intime de Georgia Nicolson - 5
Louise Rennison

Escale au pays du nougat en folie
Le Journal intime de Georgia Nicolson - 6
Louise Rennison

Retour à la case égouttoir de l'amour
Le Journal intime de Georgia Nicolson - 7
Louise Rennison

Un gus vaut mieux que deux tu l'auras
Le Journal intime de Georgia Nicolson - 8
Louise Rennison

Le coup passa si près que le félidé fit un écart
Le Journal intime de Georgia Nicolson - 9
Louise Rennison

Bouquet final en forme d'hilaritude!
Le Journal intime de Georgia Nicolson - 10
Louise Rennison

Je m'appelle Marie
Jacques Saglier

Je reviens
Marie Saint-Dizier

Chanson pour Éloïse
Leigh Sauerwein

Ce qu'ils n'ont pas pu nous prendre
Ruta Sepetys

Guadalquivir
Stéphane Servant

Miette-de-Lune
Nicky Singer

Rock Addict
C. J. Skuse

Mauvais plans
C. J. Skuse

Poussière rouge
Gillian Slovo

Sans abri
Robert Swindells

La Vie en rouge
Anne Thiollier

Cool de chez cool
Ned Vizzini

La Guerre des rêves
Catherine Webb

L'enfant qui savait tuer
Matt Whyman

Porte-poisse
Margaret Wild

Avez-vous vu Zachary Beaver?
Kimberly Willis Holt

Kiss
Jacqueline Wilson

Loi n° 49-956 du 16 juillet 1949
sur les publications destinées à la jeunesse

Couverture : Sandrine Martin
PAO : Françoise Pham
Imprimé en Italie par L.E.G.O. Spa - Lavis (TN)
Dépôt légal : mai 2013
N° d'édition : 248 144
ISBN : 978-2-07-065111-5